I0039556

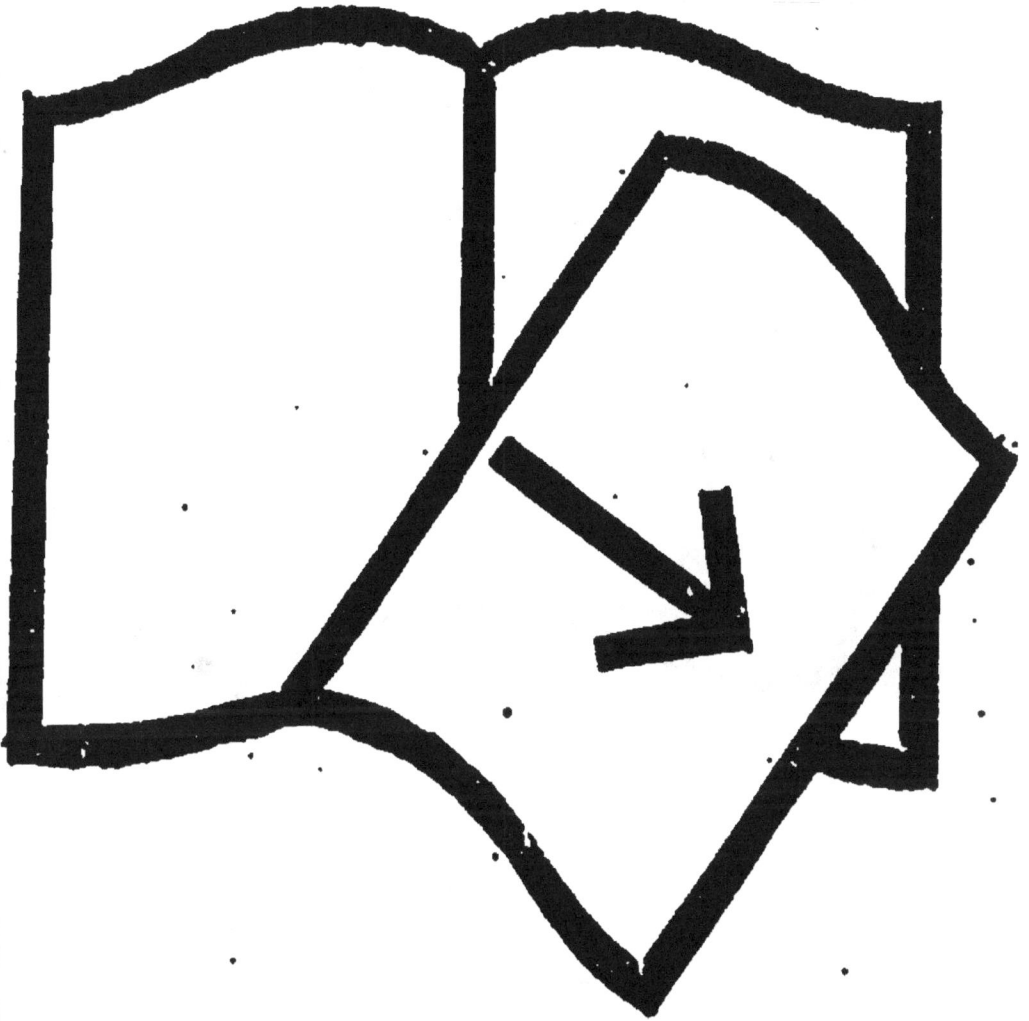

Couverture supérieure manquante

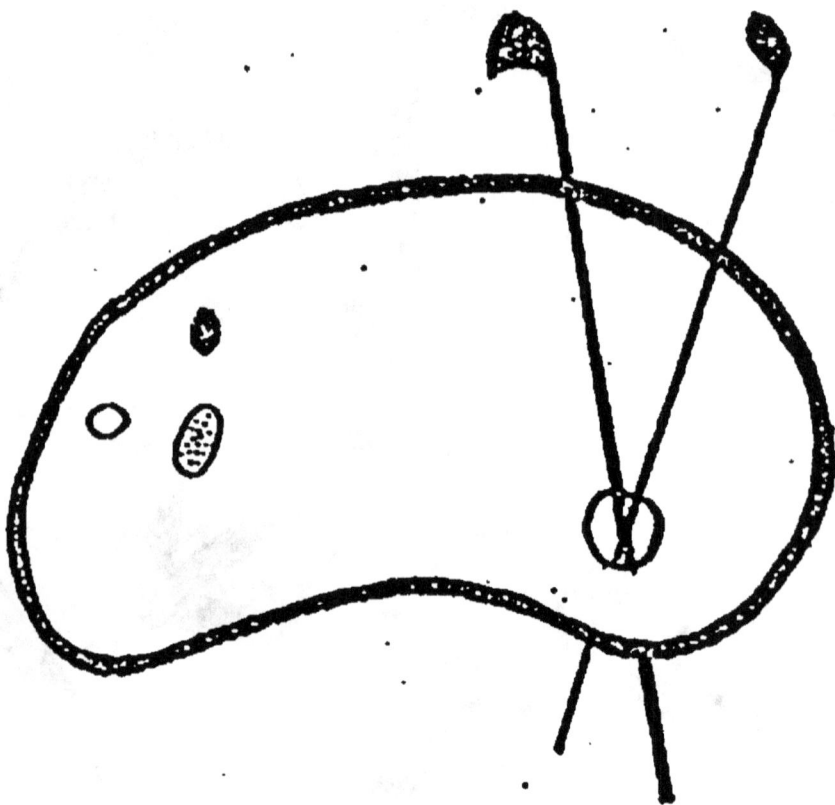

ORIGINAL EN COULEUR
NF Z 43-120-8

BIBLIOTHÈQUE DE PHILOSOPHIE CONTEMPORAINE
Volumes in-8, brochés, à 3 fr. 75, 5 fr., 7 fr. 50 et 10 fr.

EXTRAIT DU CATALOGUE

STUART MILL. — Mes mémoires, 3e éd. 5 fr.
— Système de logique. 2 vol. 20 fr.
— Essais sur la religion, 2e éd. 5 fr.
HERBERT SPENCER. Prem. principes. 10e éd. 10 fr.
— Principes de psychologie. 2 vol. 20 fr.
— Principes de biologie. 5e édit. 2 vol. 20 fr.
— Principes de sociologie. 5 vol. 43 fr. 75
— Essais sur le progrès. 5e éd. 7 fr. 50
— Essais de politique. 4e éd. 7 fr. 50
— Essais scientifiques. 3e éd. 7 fr. 50
— De l'éducation. 10e éd. 5 fr.
— Justice. 7 fr. 50
— Le rôle moral de la bienfaisance. 7 fr. 50
— Morale des différents peuples. 7 fr. 50
— Problèmes de morale. 7 fr. 50
PAUL JANET. — Causes finales. 4e édit. 10 fr.
— Œuvres phil. de Leibniz. 2e éd. 2 vol. 20 fr.
TH. RIBOT. — Hérédité psychologique. 7 fr. 50
— La psychologie anglaise contemp. 7 fr. 50
— La psychologie allemande contemp. 7 fr. 50
— Psychologie des sentiments. 7 fr. 50
— L'Évolution des idées génér. 2e éd. 5 fr.
— L'imagination créatrice. 2e éd. 5 fr.
— La logique des sentiments. 3e éd. 3 fr. 75
— Essai sur les passions. 3 fr. 75
A FOUILLÉE. — Liberté et déterminisme. 7 fr. 50
— Systèmes de morale contemporains. 7 fr. 50
— Morale, art et religion d'ap. Guyau. 3 fr. 75
— L'avenir de la métaphysique. 2e éd. 5 fr.
— L'évolut. des idées-forces. 2e éd. 7 fr. 50
— Psychologie des idées-forces. 2 vol. 15 fr.
— Tempérament et Caractère. 2e éd. 7 fr. 50
— Le mouvement positiviste. 2e éd. 7 fr. 50
— Le mouvement idéaliste. 2e éd. 7 fr. 50
— Psychologie du peuple français. 7 fr. 50
— La France au point de vue moral. 7 fr. 50
— Esquisse psych. des peuples europ. 10 fr.
— Nietzsche et l'immoralisme. 5 fr.
— Le moralisme de Kant. 7 fr. 50
— É ém. sociol. de la morale. 7 fr. 50
LOMBROSO. — Le crime. 2e édit. 10 fr.
— L'homme criminel. 2 vol. et atlas. 36 fr.
— ET LASCHI. Le crime politique et les révolutions. 2 vol. 15 fr.
— ET FERRERO. La femme criminelle et la prostituée. 15 fr.
BAIN. — Logique déd. et ind. 2 vol. 20 fr.
— Les sens et l'intelligence. 3e édit. 10 fr.
— Les émotions et la volonté. 10 fr.
— L'esprit et le corps. 4e édit. 6 fr.
— La science de l'éducation. 6e édit. 6 fr.
LIARD. — Descartes. 2e édit. 5 fr.
— Science positive et métaph. 5e éd. 7 fr. 50
GUYAU. — Morale anglaise contemp. 5e éd. 7 fr. 50
— Probl. de l'esthétique cont. 3e éd. 7 fr. 50
— Morale sans obligation ni sanction. 5 fr.
— L'art au point de vue sociol. 2e éd. 7 fr. 50
— Hérédité et éducation. 3e édit. 5 fr.
— L'irréligion de l'avenir. 5e édit. 7 fr. 50
H. MARION. — Solidarité morale. 6e éd. 5 fr.
SCHOPENHAUER. — Sagesse dans la vie. 5 fr.
— Le monde comme volonté. 3 vol. 22 fr. 50
JAMES SULLY. — Le pessimisme. 2e édit. 7 fr. 50
— Études sur l'enfance. 10 fr.
— Essai sur le rire. 10 fr.
GAROFALO. — La criminologie. 5e édit. 7 fr. 50
— La superstition socialiste. 5 fr.
P. SOURIAU. — L'esthét. du mouvement. 5 fr.
— La beauté rationnelle. 10 fr.
F. PAULHAN. — L'activité mentale. 10 fr.
— Esprits logiques et esprits faux. 7 fr. 50
— Les caractères. 2e éd. 5 fr.
— Les mensonges du caractère. 5 fr.
PIERRE JANET. — L'autom. psych. 1e édit. 7 fr. 50
H. BERGSON. — Matière et mémoire. 3e éd. 5 fr.
— Données imméd. de la conscience. 3 fr. 75
PILLON. — L'année philos. 1890 à 1904, chac. 5 fr.
GURNEY, MYERS et PODMORE. — Hallucinations télépathiques. 1e édit. 7 fr. 50
L. PROAL. — Le crime et la peine. 3e éd. 10 fr.
— La criminalité politique. 5 fr.
— Le crime et le suicide passionnels. 5 fr.
COLLINS. — Résumé de la phil. de Spencer. 10 fr.
NOVICOW. — Luttes entre sociétés hum. 10 fr.
— Les gaspillages des sociétés modernes. 5 fr.
— La justice et l'expansion de la vie. 7 fr. 50
DURKHEIM. — Division du travail social. 7 fr. 50
— Le suicide, étude sociologique. 7 fr. 50
— L'année sociolog. Années 1896-97, 1897-98,

1898-99, 1899-1900, 1900-1901, chacune. 10 fr.
Années 1901-2, 1902-3, 1903-4, 1904-5. 12 fr. 50
J. PAYOT. — Éduc. de la volonté. 20e éd. 10 fr.
— La croyance. 2e éd. 5 fr.
NORDAU (MAX). — Dégénérescence. 2 vol. 17 fr. 50
— Les mensonges conventionnels. 9e éd. 5 fr.
— Vus du dehors. 5 fr.
LÉVY-BRUHL. — Philosophie de Jacobi. 5 fr.
— Philos. d'Aug. Comte. 2e édit. 7 fr. 50
— La morale et la science des mœurs. 5 fr.
G. TARDE. — La logique sociale. 3e éd. 7 fr. 50
— Les lois de l'imitation. 4e éd. 7 fr. 50
— L'opposition universelle. 7 fr. 50
— L'opinion et la foule. 2e édit. 5 fr.
— Psychologie économique. 2 vol. 15 50
FOUCAULT. — La psychophysique. 7 fr. 50
— Le rêve. 5 fr.
G. DE GREEF. — Transform. social. 2e éd. 7 fr. 50
— La Sociologie économique. 3 fr. 75
SÉAILLES. — Essai sur le génie dans l'art. 3e éd. 5 fr.
— La philosophie de Renouvier. 7 fr. 50
V. BROCHARD. — De l'erreur. 2e éd. 5 fr.
É. BOUTROUX. — Études d'histoire de la philosophie. 2e éd. 7 fr. 50
H. LICHTENBERGER. — Richard Wagner. 10 fr.
— Henri Heine penseur. 3 fr. 75
THOMAS. — L'éduc. des sentiments. 3e éd. 5 fr.
— Pierre Leroux. 5 fr.
G. LE BON. — Psychol. du social. 4e éd. 7 fr. 50
RAUH. — La méthode dans la psych. 5 fr.
— L'expérience morale. 3 fr. 75
BOUGLÉ. — Les idées égalitaires. 3 fr. 75
DUMAS. — La tristesse et la joie. 7 fr. 50
— Psychol. de deux Messies positivistes. 5 fr.
G. RENARD. — La méthode scientifique de l'histoire littéraire. 10 fr.
RENOUVIER. — Dilemmes de la métaphys. 5 fr.
— Hist. et solut. des probl. métaphys. 7 fr. 50
— Le personnalisme. 10 fr.
— La doctrine de Kant. 7 fr. 50
SIGHELE. — La foule criminelle. 2e éd. 5 fr.
SOLLIER. — Le problème de la mémoire. 3 fr. 75
— Psychologie de l'idiot. 2e éd. 5 fr.
— Le mécanisme des émotions. 5 fr.
HARTENBERG. — Les timides et la timidité. 5 fr.
LE DANTEC. — L'unité dans l'être vivant. 7 fr. 50
— Les limites du connaissable. 2e éd. 3 fr. 75
OSSIP-LOURIÉ. — Philos. russe cont. 2e éd. 5 fr.
— Psychol. des romanciers russes. 7 fr. 50
LAPIE. — Logique de la volonté. 7 fr. 50
XAVIER LÉON. — Philosophie de Fichte. 10 fr.
OLDENBERG. — La religion du Véda. 10 fr.
— Le Bouddha. 2e éd. 7 fr. 50
WEBER. — Vers le positivisme absolu par l'idéalisme. 7 fr. 50
TARDIEU. — L'ennui. 5 fr.
GLEY — Psychologie physiol. et pathol. 5 fr.
MAXWELL. — Phénomènes psych. 3e éd. 5 fr.
SAINT-PAUL. — Le langage intérieur. 5 fr.
LUBAC. — Psychologie rationnelle. 3 fr. 75
HALÉVY. — Radical. philos. 3 vol. 22 fr. 50
V. EGGER. — La parole intérieure. 2e édit. 5 fr.
PALANTE. — Combat pour l'individu. 3 fr. 75
FOURNIÈRE. — Théories socialistes. 7 fr. 50
DAURIAC. — L'esprit musical. 5 fr.
LAUVRIÈRE. — Edgar Poe. 10 fr.
JACOBY. — La sélection chez l'homme. 10 fr.
RUYSSEN. — Évolution du jugement. 5 fr.
MYERS. — La personnalité humaine. 7 fr. 50
COSENTINI. — La sociologie génétique. 3 fr. 75
BAZAILLAS. — La vie personnelle. 5 fr.
HÉBERT. — L'évolution de la foi catholique. 5 fr.
SULLY PRUDHOMME. — La vraie religion selon Pascal. 7 fr. 50
ISAMBERT. — Idées socialistes. 5 fr.
FINOT. — Le préjugé des races. 2e éd. 7 fr. 50
E. FERRI. — La sociologie criminelle. 10 fr.
E.-BERNARD LEROY. — Le langage. 5 fr.
LANDRY. — Morale rationnelle. 5 fr.
HOFFDING. — Philosophie moderne. 2 vol. 20 fr.
RAGEOT. — Le succès. 3 fr. 75
LUQUET. — Idées génér. de psychologie. 5 fr.
BARDOUX. — Psych. de l'Angleterre cont. 7 fr. 50
LACOMBE. — Individus et Soc. chez Taine. 7 50
RIEMANN. — L'esthétique musicale. 5 fr.
BINET. — Les révélations de l'écriture. 5 fr.
NAYRAC. — Physiologie et Psychologie de l'Attention. 3 fr. 75

M.p. 131.132.

ESSAI

sur

LES PASSIONS

8ºR

21218

FÉLIX ALCAN, ÉDITEUR

BIBLIOTHÈQUE DE PHILOSOPHIE CONTEMPORAINE

OUVRAGES DE M. TH. RIBOT

Essai sur les passions. 1 volume in-8.   3 fr. 75

La logique des sentiments. 1 volume in-8, 2ᵉ édit.   3 fr. 75

Essai sur l'imagination créatrice. 2ᵉ édit. 1 vol. in-8.   5 fr.

La psychologie des sentiments. 5ᵉ édition, revue et augmentée. 1 vol. in-8.   7 fr. 50

L'évolution des idées générales. 2ᵉ édit. 1 vol. in-8.   5 fr.

Les maladies de la volonté. 22ᵉ édition. 1 vol. in-18. 2 fr. 50

Les maladies de la mémoire. 19ᵉ édition. 1 vol. in-18. 2 fr. 50

Les maladies de la personnalité. 12ᵉ éd. 1 vol. in-18. 2 fr. 50

La psychologie de l'attention. 8ᵉ édition. 1 vol. in-18. 2 fr. 50

La psychologie anglaise contemporaine (*École expérimentale*). 3ᵉ édition (nouveau tirage). 1 vol. in-8.   7 fr. 50

La psychologie allemande contemporaine (*École expérimentale*). 4ᵉ édition, revue et augmentée. 1 vol. in-8.   7 fr. 50

L'hérédité psychologique. 8ᵉ édition, revue. 1 vol. in-8. 7 fr. 50

La philosophie de Schopenhauer. 10ᵉ édition. 1 volume in-18.

Principes de psychologie de Herbert Spencer, traduits en collaboration avec M. A. Espinas. 2 vol. in-8.   20 fr.

REVUE PHILOSOPHIQUE
DE LA FRANCE ET DE L'ÉTRANGER
(33ᵉ année, 1907)

Dirigée par Th. RIBOT
Membre de l'Institut, Professeur honoraire au Collège de France

Paraissant tous les mois, depuis le 1ᵉʳ janvier 1876

Chaque année forme 2 vol. grand in-8, 30 fr.

Abonnement : un an (*du 1ᵉʳ janvier*) : Paris, 30 fr. ; départ. et étranger, 33 fr.
La livraison : 3 fr.

1361-06. — Coulommiers. Imp. Paul BRODARD. — 10-06.

ESSAI

SUR

LES PASSIONS

PAR

TH. RIBOT

Membre de l'Institut
Professeur honoraire au Collège de France

———————·‹›·———————

PARIS

FÉLIX ALCAN, EDITEUR

LIBRAIRIES FÉLIX ALCAN ET GUILLAUMIN RÉUNIES

108, BOULEVARD SAINT-GERMAIN, 108

—

1907

Tous droits de traduction et de reproduction réservés

PRÉFACE

En ajoutant ce nouveau volume aux deux autres précédemment publiés sur la *Psychologie* et sur la *Logique des sentiments*, j'essaie de présenter un tableau à peu près complet de la vie affective.

Je n'ai pas la prétention téméraire d'écrire un Traité des passions qui exigerait des années de travail, d'autant plus que je n'aurais pour appui que de rares monographies, conçues et conduites d'après les méthodes contemporaines[1]. Malgré le préjugé régnant, le sujet des passions méritait une étude à part et j'espère l'avoir faite sans répéter les ouvrages précités. D'ailleurs, la psychologie pathologique, actuellement très florissante, semble inviter à cet essai et nous promettre quelque appui : les nombreux travaux sur la nature de l'idée fixe et les obsessions peuvent nous éclairer.

1. Elles seront indiquées dans le cours de cet ouvrage.

Mon but est de délimiter cette classe de faits systé-
matiquement omise, sous prétexte que le mot « passion » est vague et élastique. Le terme « émotion »,
actuellement en faveur, ne l'est-il pas encore plus? La
question est de savoir s'il existe des manifestations
spéciales de la vie humaine qu'on peut ranger sous ce
titre spécial. Pour l'établir, je me suis restreint à trois
points : Fixer avec toute la précision possible les
caractères propres aux passions et les éléments qui
les constituent; — Retracer leur généalogie, en les
rattachant aux tendances primitives dont elles sont
issues et montrer par quelles changeantes combinaisons s'expliquent leurs variétés; — Enfin, rechercher
pourquoi et comment elles finissent.

Précédemment, en étudiant l'imagination créatrice,
j'ai essayé de réagir contre une tradition inexplicable
qui semble la limiter à l'esthétique et aux sciences,
quoique toutes les manifestations de l'activité humaine
(la politique, le commerce, les religions, l'invention
pratique et mécanique, la guerre, etc.) offrent des
exemples de construction imaginative aussi merveil-
leuses que celles de l'art. Pour les passions, de même :
il en est un petit nombre toujours citées, servant de
type aux descriptions psychologiques. J'ai essayé
d'élargir ce cercle, sans prétendre à une énumération
complète et en évitant la faute de ceux qui, au der-

nier siècle, ont transformé presque tous les faits affectifs en passions.

Cette étude contribuera aussi à montrer, si c'est nécessaire, que l'observation intérieure et l'expérimentation seules ne suffisent pas pour constituer une psychologie des sentiments. Sans l'histoire et les documents biographiques, on ne sort pas des généralités vagues et la vie passionnelle, dans ses variétés et sa réalité concrète, reste fermée et inaccessible.

ESSAI

SUR LES PASSIONS

CHAPITRE PREMIER

QU'EST-CE QU'UNE PASSION?

I

Quoique l'étude des passions soit aussi ancienne que les plus anciennes spéculations de la philosophie, je ne crains pas de la reprendre ici, mais sous une forme spéciale, restreinte, en des limites qui seront fixées avec précision. Cette étude me paraît justifiée par deux raisons principales.

La première c'est que, bien que les passions ne puissent pas, toutes, et dans leur intégralité, être qualifiées de maladies, quelquefois elles s'en rapprochent tellement que la différence entre les deux cas est presque insaisissable et qu'un rapprochement s'établit forcément.

La deuxième raison, c'est que ce terme est tombé en désuétude — sans motifs valables, à mon avis — et qu'il est pour ainsi dire sans emploi dans la psychologie contemporaine. Je me suis livré à de minutieuses recherches sur ce point. J'ai consulté une vingtaine de traités, écrits dans diverses langues, jouissant à des titres divers de la faveur du public et j'ai constaté que c'est à peine si deux ou trois consacrent quelques courtes pages aux passions. Le lecteur me dispensera de lui présenter une énumération de noms qui serait oiseuse. Chez beaucoup d'auteurs le mot « passion » ne se rencontre pas même une seule fois (Bain, W. James, etc.). D'autres l'inscrivent en passant, mais pour le confondre avec les termes « émotions » ou sentiments en général et ils soutiennent qu'on peut dire indistinctement émotions ou passions. D'autres se contentent de remarquer, avec raison d'ailleurs, que c'est une expression vague et élastique; ils ne semblent pas supposer qu'elle puisse être précisée. Il n'y a que de très rares exceptions à cet abandon universel [1].

Tandis qu'au xviiᵉ siècle (Descartes, Spinoza) et même plus tard, on donnait à l'expression « passions de l'âme » un sens si large qu'il équivalait à l'expression actuelle d'états affectifs, embrassant ainsi la vie des sentiments presque entière, ce mot s'est trouvé de nos jours rayé de la psychologie ou ne subsistant qu'à titre de locution

1. Par exemple Höffding, *Psychologie*, VI, E. 5. Il déclare « employer le mot passion dans un sens plus étroit que ne le fait l'usage ordinaire qui n'établit pas une distinction nette entre l'émotion et la passion ». Au congrès de Rome (avril 1905) le Dr Renda (de Campobasso) a aussi soutenu, en même temps que nous, la thèse de la distinction et même de l'opposition tranchée entre l'émotion et la passion.

populaire. Cet ostracisme, autant que j'ai pu le vérifier, est d'origine et d'importation anglaise. Le livre de Bain : *Emotions and Will*, et l'ouvrage célèbre de Darwin sur *l'Expression des émotions* me paraissent avoir eu, à cet égard, une influence décisive [1].

Cette identification de l'émotion et de la passion qui sont deux modes distincts de la vie affective — ou plutôt la confiscation d'un mode au profit exclusif de l'autre qui devient le terme général — me paraît malencontreuse et propre à embrouiller une nomenclature déjà très trouble. On ne peut contester qu'il y a un grand inconvénient à désigner par le même mot « émotion » d'une part des états affectifs, grands et petits, violents et modérés, éphémères et tenaces, simples et complexes ; d'autre part des phénomènes spéciaux ayant leurs caractères spécifiques, tels que la peur, la colère, le chagrin, etc. C'est aussi peu raisonnable que si, dans une classification scientifique, on appliquait le même terme au genre et à ses espèces.

1. Sur ce point, le passage qui suit me paraît instructif. Il est de James Sully, *The Human Mind*, tome II, p. 56 : « La nomenclature des sentiments (*feelings*) n'est point fixée d'une manière satisfaisante. Le mot « émotion » seul commence à être généralement adopté pour désigner le groupe supérieur des sentiments. Les termes *affection* et *passion* ont aussi chez les anciens écrivains un emploi qui correspond à ce que nous appelons maintenant passion. Il semble cependant préférable d'employer émotion comme terme générique et de réserver affection et passion pour certaines modifications. Ainsi, il est préférable de restreindre la passion aux manifestations les plus violentes du sentiment (amour et haine passionnés) que nous mettons communément en opposition avec pensée ou raison. » — Nous verrons plus loin que la violence n'est pas propre à toutes les passions et que leur caractère spécifique, s'il y en a, est ailleurs.

La tendance actuelle à refuser aux passions un chapitre à part dans les traités de psychologie a été un recul. Dès la fin du xviiie siècle, Kant dans un passage souvent cité établissait entre la passion et l'émotion une distinction nette, précise, positive : *Anthropologie* (liv. III, § 73). « L'émotion, dit-il, agit comme une eau qui rompt sa digue, la passion comme un torrent qui creuse de plus en plus profondément son lit. L'émotion est comme une ivresse qu'on cuve; la passion comme une maladie qui résulte d'une constitution viciée ou d'un poison absorbé, etc. » La position de Kant, actuellement abandonnée, doit être reprise, mais avec les méthodes et les ressources de la psychologie contemporaine et en reje- tant cette thèse excessive qui regarde toutes les passions comme des maladies.

Le but de ce travail est donc de réagir contre le courant.

Pour la clarté de mon exposition, je répartis les manifestations de la vie sentimentale en trois groupes : les états affectifs proprement dits, les émotions, les pas- sions. Je ne prétends pas que cette division soit à l'abri des critiques; mais je demande qu'on l'accepte provi- soirement pour sa valeur didactique.

1° Il y a des états affectifs qui expriment les appétits, besoins, tendances, inhérents à notre organisation psycho- physique. Ils constituent le cours régulier et ordinaire de la vie qui, chez la moyenne des hommes, n'est faite

ni d'émotions ni de passions, mais d'états d'une intensité faible ou modérée. Assurément cette qualification
est vague, mais je n'en trouve pas d'autres.

Pour préciser : les états agréables ou pénibles liés
à la satisfaction de nos besoins nutritifs ou autres, à
l'exercice de nos organes sensoriels, aux rapports avec
nos semblables; aux perceptions ou représentations de
valeur esthétique, scientifique que le hasard nous offre
en passant, aux aspirations religieuses, etc. : tout cela
forme le contenu régulier et ordinaire de notre vie affective quotidienne. Ces multiples états — omission faite
par hypothèse de toute émotion et de toute passion —
comment les nommer? Le terme le plus général paraît
le plus convenable : Sentiments ou états affectifs. Sans
doute, comme il n'existe pas de sentiments *in abstracto*,
ces milliers d'états qui surgissent momentanément dans
notre conscience ont chacun leurs modalités propres,
leur composition particulière, qui varient suivant l'objet
du sentiment, suivant la nature du sujet qui sent, suivant le lieu et le moment. Ainsi la sympathie ou l'antipathie prend divers noms suivant qu'elle s'adresse aux
parents, aux enfants, aux amis, aux compatriotes, aux
étrangers, etc.; suivant qu'elle est habituelle ou acci-
dentelle, faible ou vive. — Les sentiments communs les
plus fréquemment répétés ont un nom dans les idiomes.
un peu civilisés; mais par delà il y a ceux qui restent
innommés, parce qu'ils sont rares, insaisissables, strictement individuels. Nos langues, faites surtout pour des

besoins intellectuels et des échanges d'idées, sont insuf-
fisantes pour l'expression complète de ce qui est *senti*.
On en pourrait donner des exemples : ainsi, on a soutenu avec raison que chez les mystiques, l'érotisme du
langage n'est quelquefois qu'une apparence due à l'impossibilité de traduire dans la langue commune des sentiments spéciaux[1]. On s'exprime par analogie et elle
prête aux contre-sens.

2° L'émotion a pour caractère de commencer par un
choc, une rupture d'équilibre. C'est la réaction soudaine,
brusque, de nos instincts égoïstes (peur, colère, joie) ou
altruistes (pitié, tendresse, etc.) faite surtout de mouvements ou d'arrêts de mouvements : phénomène synthétique, confus parce qu'il jaillit du fond inconscient de
notre organisation et n'est accompagné que d'un faible
degré d'intelligence. La connaissance consciente n'apparaît qu'à mesure que le trouble émotionnel faiblit. Telles
sont la colère, le *raptus* amoureux, la poussée orgueil-
leuse. L'émotion se définit par deux caractères principaux : l'intensité, la brièveté. Je n'entre pas dans une
analyse détaillée qui serait inutile pour notre sujet,
d'autant plus qu'elle a été très bien faite par plusieurs
psychologues contemporains[2] et que nous avons traité
ce sujet ailleurs.

3° La passion a d'autres caractères. Provisoirement, il
suffit de dire qu'elle s'oppose à l'émotion par la tyrannie

1. Brenier de Montmorand, Les États mystiques, *Rev. phil.*, juillet 1905.
2. Voir en particulier Paulhan, *Phénomènes affectifs*, p. 89 et suiv.

ou la prédominance d'un état intellectuel (idée ou image) ; par sa stabilité et sa durée relatives. En un mot et sauf quelques réserves qui seront faites plus tard, *la passion est une émotion prolongée et intellectualisée*, ayant subi, de ce double fait, une métamorphose nécessaire. Plus nous avancerons dans notre étude, mieux nous verrons que l'émotion et la passion, malgré un fond commun, sont non seulement différentes mais *contraires*.

L'émotion est un état primaire et brut, la passion est de formation secondaire et plus complexe. L'émotion est l'œuvre de la nature, le résultat immédiat de notre organisation ; la passion est en partie naturelle, en partie artificielle, étant l'œuvre de la pensée, de la réflexion appliquée à nos instincts et à nos tendances. L'émotion s'oppose à la passion, comme en pathologie, l'état aigu et l'état chronique. On peut même prolonger la comparaison : la passion comme la maladie chronique a des poussées imprévues qui la ramènent à la forme aiguë, c'est-à-dire au fracas de l'émotion ; une passion à longue durée est toujours traversée par des accès d'émotion.

Remarquons qu'il ne s'agit pas ici d'une pure discussion de mots, mais d'un essai nécessaire de séparation. Plus il est difficile d'établir des divisions nettes dans le monde fuyant et incessamment transformé des sentiments, plus il est désirable de mettre au moins en relief quelques manifestations de la vie affective qui semblent posséder des caractères propres, spécifiques et de les poser à part. Dans la psychologie de l'intelligence, on

ne confond pas la perception, l'image, le concept, quoique
la perception soit quelquefois noyée dans son escorte
d'images et quoique l'image confine quelquefois au
concept. Dans la psychologie des sentiments, faisons de
même : j'espère montrer que les passions, dans leurs
formes typiques, ont des caractères fixes et que, dans une
étude complète de la vie affective, elles ont droit à un
chapitre spécial.

II

En entrant dans notre sujet, il est nécessaire de le
circonscrire rigoureusement. Le but de ce travail n'est
pas une étude descriptive des passions, mais un essai
de psychologie générale que nous réduirons aux questions suivantes : Comment les passions naissent, comment elles se constituent; comment elles finissent.

La naissance des passions résulte de causes internes et
de causes externes.

I. Quelques mots suffiront sur les causes *externes* qui
sont les moins importantes et les plus connues.

1° Il y a d'abord les conditions du milieu extérieur et
les circonstances fortuites qui favorisent l'éclosion ou
l'expansion d'une tendance en germe, à l'état latent —
en termes moins mystérieux et plus précis — qui est
trop peu agissante pour être notée. L'influence des
causes externes est inversement proportionnelle à la

puissance de la prédisposition, cause *interne*. Celle-ci est-elle grande, il suffit d'un hasard, d'un accident fugitif; est-elle faible, il faut la répétition des influences extérieures. C'est l'équivalent de ce qui arrive pour les vocations intellectuelles (peintres, musiciens, mathématiciens, mécaniciens, etc.) : la tendance latente, comme la vocation latente, sollicitée du dehors fait irruption et fraie sa voie.

2° L'imitation. C'est la source d'un grand nombre de passions, qui durent ce qu'elles peuvent : les unes s'éteignent peu à peu, les autres s'enracinent pour toujours. La distinction, due à Tarde, entre l'imitation-coutume qui est stable et l'imitation-mode qui est éphémère s'applique très bien au cas présent. Si le mot ne prêtait à l'équivoque, on pourrait dire qu'il y a les passions *innées*, fortes et durables, et les passions acquises, faibles et de courte durée [1]. Les grandes passions doivent peu à l'imitation et restent au fond identiques dans tous les temps et tous les lieux. Quant aux autres, il y aurait à faire d'après l'histoire de curieuses remarques sur leurs variations selon la mode de l'époque. Ainsi en amour. Il me semble aussi que la passion de l'argent a pris de nos jours la forme de l'ostentation et de la prodigalité plutôt que de l'avarice, quoique la tendance qui en est la source reste la même.

---

1. Toutes les passions étant de formation secondaire, sont nécessairement *acquises*; mais j'appelle *innées* celles qui sont issues directement et spontanément d'une tendance prédominante chez un individu .

3° La suggestion est, sans doute, une forme de l'imitation, mais elle en diffère partiellement. Dans l'imitation, l'initiative de la répétition vient de l'imitateur; dans la suggestion, l'initiative vient surtout de la cause extérieure quelle qu'elle soit, qui agit sur le suggestionné. Cette cause extérieure peut être indifféremment un homme ou une chose, moins encore, une lecture. Rappelons son influence sur la genèse des passions amoureuse, esthétique, militaire, etc. Elle agit même sur les enfants [1].

En tout cas, la suggestion mérite une mention spéciale, car elle est la source d'où naissent les passions *collectives*, suscitées par les questions religieuses, politiques, sociales ou même simplement par quelque affaire retentissante. Ces passions exigent, en sus de l'imitation, cet élément de fermentation qui est propre à la psychologie des foules et sans lequel il n'y a pas de contagion mentale.

II. Les causes *internes* sont les seules vraies et au fond il n'y en a qu'une : la constitution physiologique de l'individu, son tempérament et son caractère. Puisque c'est ici l'origine réelle des passions, la source d'où elles jaillissent, il convient d'insister.

Considéré comme être affectif, l'homme est un faisceau de besoins, tendances, désirs et aversions, liés à sa

---

1. « On voit des enfants de douze, treize, quatorze ans, après avoir lu un livre de voyage qui les a enthousiasmés, quitter leurs parents et se mettre en route pour le pays de leur rêve. Ce fait a été signalé par les journaux; je l'ai constaté moi-même dans mes fonctions judiciaires. » Proal, *Le crime et le suicide passionnels*, p. 313 (F. Alcan).

vie organique ou consciente, dont l'ensemble forme une
portion importante de son individualité totale. On peut
admettre comme très probable, sinon certain, que chez
un homme normal *toutes* ces tendances existent, c'est-à-
dire qu'elles peuvent se manifester dans des conditions
appropriées. Prenons un paysan grossier, inculte et
borné. Besoins nutritifs (manger et boire), appétit sexuel,
instinct offensif et défensif de la conservation; quelques
tendances familiales et sociales; une curiosité puérile
et sans portée (qui est une forme du sentiment intellectuel), un ensemble de croyances superstitieuses, un vague
besoin esthétique qui se satisfait par des contes, de gros-
sières images ou des chansons : tel est à peu près tout
son bagage affectif qui va de pair avec un bagage intellectuel équivalent. Si humble que soit cet échantillon de
l'humanité, il possède une vie affective complète. Parmi
toutes ces tendances, s'il n'y en a aucune qui soit en
saillie, si toutes sont au même niveau de médiocrité,
il réalise le type amorphe et il lui manque ce caractère
affectif que nous cherchons et qui est la passion. Mais
si une tendance quelconque — à l'amour, au jeu, à
boire, etc. — se fait jour, entre en relief, nous avons les
premiers éléments, la forme embryonnaire d'une passion.

Ce type amorphe n'est pas imaginaire. S'il ne s'en rencontre pas au sens absolu, certains hommes s'en rapprochent beaucoup, même avec un niveau intellectuel
supérieur à celui de notre paysan.

Quoique l'on ne puisse contester que de telles gens

existent, il faut pourtant reconnaître que la majorité des
hommes sort de cette teinte neutre.

L'organisme physique est un agencement de tissus,
d'organes et de fonctions qui théoriquement constituent
une harmonie parfaite; mais le plus souvent, le cœur, les
poumons, l'estomac, les viscères intestinaux, le cerveau,
les nerfs, les muscles n'ont pas la même énergie vitale;
ils diffèrent les uns des autres en vigueur ou en faiblesse,
et c'est sur des différences de cette nature que repose pour
une part la doctrine des tempéraments. De même pour
l'organisme mental : il y a ordinairement une ou plusieurs
tendances qui prévalent et impriment à l'individu une
marque affective, bien nette pour ceux qui l'observent
ou le connaissent. C'est ce qu'on exprime dans la vie
ordinaire par des expressions telles que : disposition à
la joie ou à la tristesse, à l'expansion ou à la concentration, à la bienveillance ou à la haine, à la timidité ou à
l'audace, à l'amour ou à la froideur, à la générosité ou à
l'avarice, etc. Ces termes caractérisent l'individu dans sa
vie affective, comme ceux d'énergique, faible, lent, pressé,
paresseux.... le font pour sa vie active. Cette prédisposition, innée ou acquise très tôt par l'imitation, exprimant
tout l'individu ou la plus grande partie de lui-même, est
appelée par quelques psychologues anglais *mood*, et par
les Allemands, *Stimmung*; que je traduis par modalité
affective. Toutefois, cette disposition générale est très
différente de la passion qui est un état spécialisé; ce n'est
que le terrain où elle germe.

Pour préciser la question posée plus haut : comment
se forme une passion? il me paraît utile de réduire les
passionnés à deux types : l'homme d'une seule passion;
l'homme de plusieurs passions simultanées ou successives.
Cette division est un peu schématique, puisqu'elle néglige
les cas intermédiaires, mais elle me paraît mettre quelque
jour dans ce sujet complexe.

L'homme d'une seule passion est l'équivalent de ce
que quelques auteurs, traitant du caractère, appellent un
unifié; mais chez lui l'unité est faite par hypertrophie,
non par harmonie. Ce type, le plus rare, est en général
celui des *grands* passionnés. A l'ordinaire, la tendance
s'affirme de bonne heure et si énergiquement que tout
le monde ou du moins les clairvoyants peuvent dire dans
quel sens ce prédestiné s'orientera. La passion est ici
dans toute sa simplicité et elle justifie la définition bien
connue : exagération d'une tendance. Pour ne pas simplifier à l'excès, remarquons que tendance unique signifie
dominant les autres de si haut qu'elle les réduit presque
au néant : par exemple l'amour de la puissance chez
Napoléon.

Les hommes de plusieurs passions, simultanées ou
successives, sont plus complexes et se rencontrent plus
fréquemment. Leur marque propre est une sensibilité
extrême qui vibre à tout événement, mais qui peut
engendrer des états tout autres qu'une passion. La langue
courante et même les psychologues les nomment un peu
au hasard des sentimentaux, des émotifs, des impulsifs,

des passionnés, comme si ces expressions étaient syno-
nymes. Il n'en est rien et les faits permettent d'établir
des différences nettes :

1° Les sentimentaux vivent dans le domaine de la
rêverie ou n'en sortent guère. Ils ne sont pas et ne
peuvent être des passionnés, parce qu'ils manquent de
but fixe et d'énergie pour agir. Leurs aspirations sont
pauvres en éléments moteurs. Les vrais passionnés ne
sont pas des rêveurs[1].

2° On confond communément les émotifs-impulsifs
avec les passionnés, quoique leurs marques propres soient
différentes et même contraires. L'impulsion, qui est
quelquefois une explosion, traduit l'hyperesthésie des
centres sensitifs, la tension excessive des centres moteurs
et la faiblesse des centres inhibiteurs. L'instabilité des
tendances, sans profondeur, variables, errantes, sans
but fixe, s'oppose à la constitution d'un état durable, par
conséquent d'une passion. Tels sont les déséquilibrés de
tout genre qu'on rencontre un peu partout ; tels sont
beaucoup d'hommes connus dans les beaux-arts et la
littérature que l'on qualifie à tort de passionnés : Alfieri,
Byron, Berlioz, E. Poë. Les documents biographiques
les révèlent plutôt comme des sensitifs instables qui se
dépensent en impulsions. Cependant il faut admettre des
formes de transitions. Même sur ce terrain mouvant, des

---

1. Dans sa classification des caractères, Malapert a très bien établi
ces différences : *Les éléments du caractère*, etc., Paris, F. Alcan, 1897,
p. 226 et suiv.

passions peuvent naître, durer et coexister avec les
troubles impulsifs : Mirabeau m'en paraît un exemple.
On a soutenu aussi qu'Alfieri eut une passion, la haine,
qui dura toute sa vie en changeant d'objet.

3° Ces éliminations faites, restent les passionnés dont
les caractères spécifiques seront étudiés ci-après en détail
et qu'on peut résumer comme il suit : « Ce qui fait la
passion, ce n'est pas seulement l'ardeur, la force des
tendances; c'est surtout la prépondérance de la stabilité
d'une certaine tendance exaltée à l'exclusion et au détriment des autres. La passion, c'est une inclination qui
s'exagère, surtout qui s'installe à demeure, se fait centre
de tout, se subordonne les autres inclinations et les
entraîne à sa suite. La passion est, comme on l'a dit, dans
le domaine de la sensibilité ce que l'idée fixe est dans le
domaine de l'intelligence » (Malapert, *ouv. cité*, p. 229).

Il y a pourtant un point obscur dans la genèse des
passions : comment sur ce fond affectif, vigoureux et
d'apparence homogène, qui est leur terrain d'élection,
telle passion surgit-elle plutôt qu'une autre?

On peut, dans beaucoup de cas, surtout pour les passions
faibles, accorder une grande part aux causes extérieures
énumérées précédemment, au milieu, à l'éducation, au
hasard. Mais cette explication est inacceptable pour les
grandes passions qui semblent naître par génération spontanée. Je ne vois qu'une réponse par analogie, dans le
rapprochement avec cette disposition que la pathologie

physique nomme une *diathèse*. Quoique plusieurs auteurs soutiennent qu'en réalité, il n'y en a qu'une seule qui consiste dans l'oxydation insuffisante des déchets de la nutrition et dans l'accumulation des produits de cette combustion incomplète, cependant en pratique on admet des modalités : arthritique, scrofuleuse, cancéreuse, nerveuse, etc. Une passion qui absorbe toute la vie ne peut provenir que d'une disposition congénitale analogue; c'est pourquoi nous avons dit plus haut qu'elle est innée et indéracinable. Physiologiquement, une cause extérieure, insignifiante, qui est sans influence sur l'homme sain, agit sur le diathésique dans le sens de sa diathèse. Psychologiquement, un événement futile qui serait sans prise sur un caractère froid et réfléchi, agit sur un prédisposé dans le sens de la moindre résistance. Il éveille la tendance latente qui fait éruption sous ce léger choc et comme spontanément, de même que dans notre vie intellectuelle, un souvenir ou une idée surgissent sans cause saisissable. L'événement si faible qu'il soit agit comme principe de détermination; mais au lieu de produire l'état diffus qui est le propre du sentimental ou les explosions multiples et variables qui sont la marque de l'émotif-impulsif, il oriente, chez le passionné, la vie affective dans une direction unique où elle coule endiguée par l'effet d'un drainage énergique qui dessèche tout le reste.

Pour achever cette revue des causes ou conditions de naissance des passions, nous ajouterons quelques mots sur les influences inconscientes qui appartiennent, de droit, au groupe des causes internes. Comme pendant ces dernières années, on a fait du terme *inconscient* « la grande panacée pour toutes les difficultés psychologiques et philosophiques » et qu'il est souvent d'un emploi équivoque, je déclare n'en faire usage que pour désigner un fait connu de tous, sans m'inquiéter de sa nature dernière, si elle est psychologique ou physiologique [1].

Dans ces influences inconscientes, on peut distinguer deux formes principales, en négligeant les intermédiaires.

La première forme est plutôt subconsciente. Citons comme exemples certains états affectifs qu'on a appelé des émotions organiques et qui me paraissent des phénomènes identiques à ceux de l'instinct. Baldwin en a étudié quelques-unes, notamment la timidité organique (différenciation de la peur) chez le très jeune enfant. « Ces émotions, dit-il, se produisent d'abord sans que nous ayons le temps de voir qu'elles se rapportent à notre moi. Elles paraissent en relation uniquement avec l'organisme physique et si étroitement liées à la structure du

---

1. La seule position qui convienne sur ce point à la psychologie pure a été très bien indiquée récemment : « Le terme inconscient a deux emplois propres : l'un est négatif : c'est un concept limite par rapport à toutes les formes de la conscience; tout ce qui n'est pas conscient est inconscient. L'autre est positif et est *pratiquement* synonyme de physiologique. Il affirme simplement certaines activités nerveuses qui n'ont pas de contre-partie dans la conscience. Ce n'est plus une énigme, mais un terme plus ou moins convenable pour désigner ces actions nerveuses marginales qui évidemment modifient nos réactions, sans toutefois produire un changement mental appréciable ». Angell, *Psychology*, p. 393, New-York, Holk, 1901.

corps par l'hérédité, qu'elles servent à nous protéger du mal ou à nous assurer des bénéfices, sans le secours de la réflexion ». Celle-ci vient plus tard et inaugure une seconde phase où l'émotion n'est plus seulement organique. On peut classer sous le même titre les sympathies et antipathies brusques, sans motifs conscients, les affinités électives, la tendance spontanée et toute naturelle chez les uns à commander, chez les autres à obéir. — En somme, ce groupe est composé d'instincts, au sens précis de la psychologie animale : et ils sont nombreux chez l'homme. On l'oublie trop souvent, parce qu'ils sont éclipsés par le développement de facultés supérieures, plus complexes et adaptées à des fins multiples.

La deuxième forme est purement inconsciente. Qu'on prenne ce mot comme synonyme de physiologique ou de minimum de conscience, il importe peu : c'est une question d'origine première, de philosophie, non de psychologie. Ces causes sont de la catégorie des actions lentes. On ne peut nier que les événements quotidiens laissent en nous des impressions fugitives, éphémères, qui ne restent pas dans la conscience et cependant subsistent au-dessous d'elle, excitant à quelque degré des désirs et aversions trop faibles pour se manifester au dehors, mais qui s'organisent par la répétition. Ce sont des petits faits d'expérience gravés dans notre mémoire organique où ils semblent ensevelis pour toujours, comme tant d'autres souvenirs que le hasard ressuscite à notre grand étonnement — des impressions éparses de choses vues ou

entendues. Ces résidus, similaires ou non, mais qui tous
se rapportent à une personne ou à un même objet, agissent
dans des conditions favorables ; les dispositions deviennent
des actes : c'est le soubassement profondément enseveli,
ignoré, sur lequel la passion naissante trouve un solide
point d'appui. On ne niera pas l'influence des sensations
internes pour disposer à la passion de la table, à celle du
vin ou de l'amour ; ni du contact perpétuel de l'argent
(chez un banquier, un commerçant) pour disposer au jeu
ou au vol.

Ces actions lentes et souterraines sont d'une égale
importance pour la naissance et l'extinction des passions.
Les romanciers ont souvent décrit ce changement qui se
révèle en nous, après une absence. En face des hommes
ou des choses, on se sent autre ; il s'est produit une *conversion* à notre insu : le beau d'autrefois paraît laid, le
désirable, repoussant. Parfois ce qui nous touchait au fond
du cœur n'est plus qu'une vision ou une représentation,
sèche, froide, indifférente, d'où toute sensibilité affective
s'est retirée. Nous reviendrons sur ce point dans un chapitre suivant.

Cependant, à tout prendre, ces influences subconscientes
ou inconscientes n'ajoutent rien de nouveau au chapitre
des causes internes de la genèse des passions. Réductibles aux instincts ou aux sensations internes dont le
rôle est capital, ou à la cérébration inconsciente, elles ne
sont qu'une portion — la plus obscure et la plus profonde
— du caractère individuel.

III

Prenons maintenant la passion toute constituée pour essayer d'en déterminer la nature propre et les caractères spécifiques. Je rappelle en passant que toute passion comprend trois groupes de faits : des états moteurs (désirs, aversions), des états intellectuels (sensations, images, idées), des états affectifs, agréables, pénibles ou mixtes, simples ou complexes. Ceci est universellement admis ; mais comme ces caractères sont communs à toutes les manifestations de la vie des sentiments, nous devons chercher ailleurs ce qui appartient à la passion et rien qu'à elle.

Ses caractères me paraissent réductibles à trois, qui sont, dans l'ordre d'importance : l'*idée fixe*, la *durée*, l'*intensité*.

1° Le premier caractère, essentiel, fondamental, c'est l'existence d'une idée fixe ou au moins prédominante, toujours agissante, qui remplit le même rôle chez les passionnés que la conception idéale de l'artiste, de l'inventeur quel qu'il soit, de l'homme consciencieux dans sa vie morale.

Les idées fixes et les obessions ont été beaucoup étudiées par les pathologistes contemporains. Je n'extrais de leurs nombreux travaux que les résultats utiles pour notre sujet, renvoyant pour le reste aux ouvrages spéciaux.

On ne peut pas identifier, disent-ils, l'idée fixe normale avec l'idée obsédante.

La première est voulue, parfois cherchée, en tout cas acceptée, et elle ne détruit pas l'unité du moi. Elle ne s'impose pas fatalement à la conscience ; l'individu en connaît la valeur, sait où elle le conduit et adapte sa con-duite à ses exigences.

La seconde est parasite, automatique, irrésistible. Elle s'accompagne, en outre, de symptômes physiques (angoisse, troubles moteurs et vaso-moteurs, etc.), et le moi de l'obsédé, confisqué par l'idée fixe, est sans lutte possible contre l'entraînement.

Malgré ce parallèle, il faut avouer que le critérium de distinction entre les deux est bien vague. Ainsi, on est obligé d'avouer qu'une conception artistique, scienti-fique, mécanique, s'impose quelquefois à l'esprit avec une ténacité telle que l'homme devient sa proie et n'est plus maître de la diriger, de la guider, de la reprendre. En réalité, du point de vue strictement psychologique, intérieur, on est incapable de découvrir une différence positive entre le cas normal et le cas morbide, parce que dans les deux le mécanisme mental est au fond le même. Le critérium doit être cherché ailleurs. Pour cela, il faut sortir du monde subjectif et procéder objectivement ; il faut juger l'idée fixe non en elle-même mais dans ses effets. Appliqué aux passions, ce critérium constate une série continue qui part de l'idée simplement dominante pour aboutir à l'idée délirante, nettement pathologique.

Une autre question qui a suscité aussi de vives discussions, c'est la nature de l'idée fixe ou obsédante. C'est un état complexe : il est fait d'éléments intellectuels et d'éléments affectifs-moteurs. De ces deux facteurs, lequel est essentiel et prépondérant?

La théorie intellectualiste répond : le facteur primaire est l'idée, qui est indépendante de toute influence affective. S'il existe des troubles du sentiment, ils sont toujours accessoires, secondaires; ils résultent de la coercition exercée par l'idée fixe et de la réaction de l'individu contre elle; c'est la thèse de Westphal, Meynert, Buccola, Tamburini, Morselli, Hack-Tuke, Magnan, etc., sous divers noms et diverses formes.

La théorie émotionnelle répond : L'idée fixe ou obsédante est le résultat logique d'une disposition affective, normale ou morbide qui est toujours le fait primitif, la cause dont l'idée fixe est l'effet. L'origine est dans la vie des sentiments et dans les troubles physiques qui l'accompagnent, tel que l'angoisse. Cette thèse paraît, actuellement, celle du plus grand nombre (Pitres et Régis, Féré, Séglas, Freud, P. Janet, etc.).

Quelque opinion que l'on adopte, il est clair que dans la passion, l'idée fixe ne vaut et n'agit que par les états affectifs et moteurs concomitants et que ceux-ci forment la plus grosse part du phénomène total. Toutefois, la question d'origine n'est que reculée sans être résolue : est-ce l'élément intellectuel qui suscite et maintient l'état affectif-moteur? est-ce le contraire? Cette seconde hypothèse me paraît plus vraisemblable et plus fréquemment vérifiée ; mais j'avoue qu'il est impossible d'en donner la preuve. Il n'est pas douteux que, dans la vie, les deux cas se rencontrent[1].

Cette idée fixe qui agit comme un but ou comme une fin, qui sollicite sans cesse, peut venir du dehors, suggérée par un événement extérieur, comme dans l'amour ; ou du dedans, par la transformation d'une aspiration confuse en une conception claire, comme chez l'ambitieux. Toute passion est donc la spécialisation d'une tendance attractive ou répulsive qui se concrète en une idée et, de ce fait, atteint la pleine conscience d'elle-même. L'individu se trouve ainsi scindé en deux parts : sa passion et le reste. On sait combien le rapport de proportion est variable entre ces deux parts. Dans les esprits naïfs et incultes, cette tyrannie de l'idée fixe se traduit par la foi en un ensorcellement, en actions magiques, etc.

En somme, l'idée fixe est le signe sinon la cause d'un surcroît d'énergie, mais avec *dérivation* dans un sens exclusif. Elle agit comme pouvoir moteur ou inhibiteur. Ce surcroît d'énergie, cette dérivation, effet des causes extérieures et surtout de cette disposition intérieure que nous avons assimilées à une diathèse, est localisée. On

---

1. Consulter pour plus de détails sur ces questions : Pitres et Régis, *Séméiologie des obsessions et des idées fixes*; Séglas, *Leçons cliniques sur les maladies mentales*; P. Janet, *Obsessions et Psychasthénie*, t. I, p. 448 et suiv., et la bibliographie abondante indiquée par ces divers auteurs. Arnaud, dans Ballet, *Traité de pathologie mentale*, après longue critique des deux théories, met l'origine des obsessions et des idées fixes dans « une lésion de la volonté ».

ne peut douter que la quantité de l'influx nerveux (quelque opinion qu'on ait sur sa nature) varie d'un individu à un autre. On ne peut douter non plus qu'à un moment donné, chez un individu quelconque, la quantité disponible peut être distribuée d'une manière variable. L'influx nerveux ne se dépense pas de la même manière chez le mathématicien qui spécule et chez l'homme qui satisfait une passion physique; une forme de dépense empêche l'autre, le capital actuel ne pouvant être employé à la fois à deux fins. L'état psychophysiologique qu'on nomme passion ne se perpétue qu'au détriment des fonctions normales; il se nourrit de leur appauvrissement.

2° Le deuxième caractère est la durée. Elle est indéterminable : une vie entière, des années, quelques mois. Si vague que ce critérium puisse paraître, il est toujours suffisant pour différencier la passion de la simple émotion, qui est une manifestation passagère et instable. En comparaison, la passion même la plus courte est très longue. Toute passion est donc stable à des degrés divers, parce que la dérivation au profit d'une tendance prépondérante produit un état permanent qui s'oppose, au moins partiellement, à la loi de changement perpétuel qui est la vie normale de la conscience : tout ce qui est sans rapport avec cette tendance reste à l'état crépusculaire; notre personnalité y demeure étrangère, n'en prend pas possession.

Nous avons déjà fait cette remarque que les caractères instables ne sont pas aptes à subir de vraies passions et

que l'analyse psychologique doit rectifier sur ce point
l'opinion populaire qui confond les émotifs-impulsifs avec
les passionnés. C'est pour cela que chez les enfants, en
général, on ne découvre pas de passions, sauf une qui
s'appuie sur les besoins nutritifs, très développés, très
stables, très exigeants chez eux : la gourmandise. En
dehors d'elles quelques cas sporadiques : amour et haine
précoces, passion pour l'étude, les arts mécaniques; et ces
cas sont exceptionnels, parce que la passion qui est une
forme *intellectualisée* de la vie affective, suppose un degré
d'intelligence que les enfants n'ont pu atteindre et exige
pour vivre une certaine stabilité dont ils sont peu capables.

3° Le troisième caractère est l'intensité. Il n'est pas
une marque spécifique toujours nette comme les deux
autres et ne semble pas d'abord nécessairement inhérent
à toute passion. Ceci requiert un éclaircissement. La
dépense d'énergie est évidente dans les passions dynamiques, d'allure fougueuse et effrénée, où le désir s'affirme
sans cesse sous forme d'actes et ne s'assouvit pas. Il n'en
est pas de même pour les passions statiques (haine, ambition froide, avarice); mais souvent l'intensité de l'effort
n'est pas moindre. Il s'exerce sous la forme d'arrêt de
mouvements; l'énergie reste à l'état de tension. Aussi
beaucoup d'auteurs définissent la passion par la force,
quoiqu'elle ne soit qu'un de ses éléments constitutifs[1].

Ici un problème se pose analogue à celui des enfants :

---

1. Ainsi dans le récent *Dictionary* édité par Baldwin, on trouve
comme définition : « PASSION : a *strong* and uncontrolled emotion »;

Les peuplades sauvages, vivant en dehors de tout contact avec les civilisés, sont-elles capables de véritables passions? Cette question peut surprendre, car on admet généralement que l'impétuosité irrésistible des désirs et aversions est leur marque prédominante : d'où l'on conclut au règne des passions. C'est toujours la confusion illégitime entre les impulsifs et les passionnés. Il serait paradoxal de soutenir que les sauvages ne ressentent pas quelques passions simples et primitives comme la vengeance (forme aiguë de la haine), l'amour, la cupidité, l'attrait du jeu[1]. Cependant, quoique intenses, elles sont plutôt rares et de courte durée. Au fond, ce sont des états mixtes, hybrides; des formes de transition entre l'émotion impulsive et la passion : les conditions intellectuelles manquent pour assurer la stabilité. A une disposition qui pourrait devenir une passion si elle pouvait devenir chronique, se substitue une série de poussées aiguës, brusques et violentes. La passion reste enveloppée dans une gangue émotionnelle, incapable d'acquérir ses caractères propres. Inutile d'ajouter que ces

---

« *strong* and incontrolled emotion, so *strong* as to exclude or overpower other mental tendencies ».

1. Voici un exemple emprunté à Lumholtz, dans ses explorations en Australie : « L'amour chez les Australiens peut aller jusqu'à la passion. Un noir civilisé avait enlevé la femme d'un autre noir. Comme elle aimait son ravisseur, elle ne se fit pas prier pour le suivre; mais les Blancs qui voulaient la garder pour leur serviteur nègre qui dépérissait en son absence, la ramenèrent avec menace de tuer le ravisseur, s'il reparaissait. Pourtant l'amour l'emporta; l'homme revint à la charge et tenta une seconde fois d'enlever sa belle; il fut mis à mort par les Blancs ». *Voyage au pays des Cannibales*, p. 276. On citerait sans peine des cas analogues pour d'autres passions.

formes hybrides sont fréquentes chez les civilisés. Elles
ont contribué pour une bonne part à empêcher ou à
obscurcir la distinction nette entre les manifestations de
l'impulsion et celles de la passion.

IV

Ayant achevé notre énumération des caractères spécifiques, revenons à l'idée fixe, pour la suivre dans son
travail. Elle constitue la passion par la coopération
étroite de l'association et de la dissociation, de l'imagination créatrice, des facultés logiques qui sont à ses
ordres. Après ce qui a été dit, il est à peine besoin de
répéter que ce travail est, au fond, l'œuvre de la *tendance*
attractive ou répulsive, cause première de toute passion,
qui maintient l'idée fixe. Celle-ci est le but conscient
et la lumière; rien de plus. Elle agit comme état complexe — intellectuel et affectif — qu'on pourrait nommer
aussi bien une émotion fixe.

I. L'association et la dissociation doivent être prises
au sens complet, c'est-à-dire appliquées aux états intellectuels, aux sentiments, aux mouvements.

L'association systématique de la passion est si connue
et a été tant de fois décrite que je me borne à la rappeler[1]. Toute idée dominante est un centre de prolifé-

---

[1]. Voir Bain : *Émotions*, ch. I, § 20. Pour l'étude générale des sentiments dans leurs rapports avec l'association, nous renvoyons à notre
Psychologie des sentiments, partie V, ch. XII (F. Alcan).

ration d'images, appropriées à sa nature. Sa puissance
d'attraction s'exerce non seulement sur les états de
conscience en rapport immédiat avec la passion, mais
par extension ou transfert elle se prolonge bien au delà,
absorbant en elle les personnes et les choses par voie
indirecte. On a remarqué que les sentiments à forme
déprimante, comme la tristesse et l'émotion tendre, produisent un ralentissement du processus associatif et une
augmentation du temps nécessaire pour qu'il se produise; c'est le type de la rêverie sentimentale. Cette
affirmation est-elle applicable aux passions *statiques*,
les autres par leur nature étant hors de cause? C'est une
hypothèse peu vraisemblable, puisque toute passion
exige une augmentation d'énergie virtuelle et actuelle.
A la rigueur, on peut admettre que les associations qui
les constituent se font en des limites plus restreintes
et seulement par des rapports directs avec l'idée maîtresse : aussi leurs constructions imaginatives sont plutôt
réfléchies qu'exubérantes.

Le travail de *dissociation*, quoique évident, a été moins
remarqué. Toute passion contient une vertu éliminatrice.
Son apparition est celle d'un principe d'arrêt, d'isolement
impérieux d'un état de conscience entre tous les autres,
de désagrégation des séries anciennes. Elle a besoin de
ruines pour bâtir; comme un être vivant, elle ne puise
dans son milieu que ce qui peut la nourrir. La passion
non seulement exclut du champ de la conscience tout
ce qui lui est étranger, mais elle élimine de son objet,

aimé, haï, convoité, tout ce qui contredit cette affirmation implicite qui est au fond d'elle-même : mon but est le suprême désirable.

Finalement, autour de l'idée maîtresse, centre d'attraction et de répulsion, par ce double procédé, associatif et éliminatoire, se construit un édifice solide, affermi contre les assauts, qui souvent ne croule qu'avec l'individu.

II. Ce stade préliminaire suffit peut-être à des passions très simples et aux gens d'imagination pauvre; mais c'est une erreur de supposer que l'association et la dissociation, à elles seules, expliquent le mécanisme intellectuel des passions. Elles préparent la voie à une autre fonction de l'esprit qui est l'imagination.

On a beaucoup écrit sur son influence, surtout les moralistes. Tous les imaginatifs, dit-on, sont passionnés : mais cette affirmation, outre qu'elle est vague, a le défaut de disposer à croire que l'imagination est toujours la cause, et la passion l'effet; or la thèse inverse paraît, pour la plupart des cas, beaucoup plus vraisemblable, comme on le montrera plus loin. En tout cas, la question est complexe, et il est nécessaire de la diviser pour la traiter avec précision.

Le mot « Imagination » a plusieurs sens, et déjà par lui-même prête à l'équivoque. Il y a d'abord la forme inférieure — reproductrice — simple répétition des expériences passées. Spontané ou provoqué, ce processus mental ne dépasse pas le niveau de l'association, n'intro-

duit pas un élément nouveau. Toutefois, sous ses formes
vives, les représentations ayant la netteté et le relief de
la perception, se rapprochant même de l'hallucination,
sont-elles indifférentes à la genèse des passions ? Non,
mais sous la condition de la présence et de l'efficacité
d'un élément affectif qui sera mentionné ci-après. A tout
prendre, sous cette forme non organisée, l'imagination,
même intense, paraît plutôt en rapport avec le tempérament émotif-impulsif. Je crois qu'on pourrait en donner
des preuves théoriques et de fait; mais cette digression
sortirait de mon sujet.

L'imagination créatrice ou constructive — organisation
d'images — est un élément nouveau et un ferment
introduit dans la vie des sentiments. Faite d'éléments
divers qui convergent vers une même fin comme la
passion, elle est un principe d'unité, non de dispersion et
chez le passionné, elle se met au service de l'idée dominatrice.

Imagination créatrice est un terme général qui se résout
en des espèces assez nombreuses n'ayant entre elles qu'un
point commun, l'invention. Il est inutile de les énumérer [1];
nous pouvons les réduire à deux types principaux :

L'imagination à libre essor qui prévaut dans la littérature, les beaux-arts, et dans la vie ordinaire sous la
forme romanesque.

L'imagination qui est soumise à un déterminisme plus

1. Pour l'étude détaillée, nous renvoyons à notre *Essai sur l'imagination créatrice*, 3ᵉ partie.

ou moins strict, qui pour réussir exige l'intervention
incessante de la réflexion, du raisonnement, du calcul :
comme dans les sciences, les arts mécaniques, le commerce, la politique, l'art militaire.

Au premier abord, on serait tenté de croire que l'imagination des passionnés est toute entière afférente à la
forme libre. Il n'en est rien. Les passions dynamiques
sont pour la plupart apparentées au premier type; les
passions statiques au second. Le rapport varie selon la
nature des phénomènes et est imposé par elle. Il y a, en
outre, des formes mixtes qui participent de l'un et de
l'autre. Chez les passionnés doués d'une intelligence
puissante, les deux types coexistent. Ainsi Taine montre
que Napoléon « avait au plus haut degré l'imagination
constructive », non pas seulement celle d'un grand général
et d'un ambitieux; mais il « rêvait de faire de Paris le
centre de l'Europe, résidence du Pape, avec quatre millions
d'habitants; les rois subordonnés y ayant leurs palais, etc. »
Rappelons aussi sa passion pour les poésies attribuées à
Ossian.

Entre le développement de la passion et celui de l'imagination, il y a une influence réciproque. Cela est évident;
mais on peut poser la question : lequel est la cause,
lequel est l'effet? Est-ce l'éclosion passionnelle qui
éveille l'imagination? est-ce le travail imaginatif qui
suscite la passion. La réponse varie selon les cas. Il
serait oiseux d'insister et de recommencer à ce propos une
discussion qui répéterait celle sur l'idée fixe. Ce qui est

plus important, c'est de déterminer le caractère propre à l'imagination des vrais, des grands passionnés. On ne me paraît pas l'avoir signalé. Il consiste en ceci, que *leur imagination est surtout affective.*

Je ne veux pas, même en passant, disserter sur la question de la mémoire affective que j'ai étudiée longuement (*Psychologie des sentiments*, I. ch. xi), ni répondre aux objections de ceux qui la nient, probablement parce qu'ils ne l'ont pas. Je tiens pour établi qu'elle existe chez beaucoup d'hommes, sinon chez tous. Ce mode d'imagination affective est nécessaire aux passionnés (comme aussi aux émotifs-impulsifs). Les images d'origine objective — visuelles, auditives, tactiles, motrices, — représentations internes du monde externe, ne sont pas, en eux, de simples états intellectuels; mais elles sont accompagnées d'un état affectif éprouvé dans le passé, ressuscité dans le présent, qui est l'*élément principal* de leur état d'âme total; les images sensorielles ne sont que leur condition, leur support et leur véhicule dans la conscience [1]. Pour l'amant qui entend intérieurement la voix de sa maîtresse ou le poète le son des cloches qui ont charmé son enfance, le sentiment ravivé est presque tout, la représentation intérieure n'est presque rien. L'avare du type classique qui en imagination voit et palpe son or et ses billets serrés dans son coffre-fort, n'a

---

1. Je ferai remarquer incidemment que les images olfactives et gustatives que beaucoup de gens sont capables d'évoquer à volonté, sont en connexion étroite avec les passions nées de besoins nutritifs et sexuels.

pas seulement des représentations visuelles et tactiles, mais
en même temps des souvenirs affectifs : sans eux nulle
passion. C'est avec des images de cette espèce que sont
construites les passions réelles. Que l'on compare une
même passion, telle que l'amour, chez un homme dénué
d'imagination, ou d'imagination moyenne, ou de grande
imagination surtout intellectuelle, faite d'images sensorielles (V. Hugo), ou d'imagination surtout sentimentale,
riche en images affectives (J.-J. Rousseau) : sans commentaire, la forme propre à l'imagination du vrai passionné
apparaîtra nettement.

Parmi les matériaux que la passion emploie pour
construire son idéal, le modifier, le renouveler, il faut
donc mettre la mémoire affective au premier rang. La
passion, en raison de sa durée, vit non seulement dans le
présent, comme l'émotion; mais dans le passé et l'avenir;
elle se nourrit de réviviscences, de souvenirs qui ne
peuvent être des représentations sèches, tout intellectuelles, comme celle de l'ingénieur qui construit un pont,
ou de l'employé de chemin de fer qui combine un horaire
des trains. Ces états de conscience doivent être affectifs,
remémorés comme tels ou anticipés comme tels, avec
les déformations et métamorphoses que subit fatalement
toute image, et l'image affective plus qu'une autre. Assurément, le souvenir affectif ainsi ravivé n'a pas dans la
conscience une existence indépendante et isolée; il est
toujours accollé à quelque état intellectuel qui l'a accompagné antérieurement. Par la nature des choses, il ne peut

en être autrement et les adversaires de la mémoire ou de l'imagination propres des sentiments ont paru tirer une objection contre elles de ce fait. Ils demandent l'impossible, le contradictoire. La vie affective pure, sans aucun état intellectuel qui la fixe, est si vague et si exceptionnelle, qu'elle ne compte guère pour l'imagination reproductrice. Mais ne se rencontre-t-il pas des cas où une sensation, une image si fugitive que sa durée est de quelques millièmes de seconde, évoque brusquement en nous des sentiments de notre passé, si copieux, si débordants que l'état intellectuel est submergé et englouti? Le coefficient affectif a atteint sa valeur extrême.

Nécessairement, l'imagination exerce une influence sur le développement de la passion. Chez les imaginatifs, même modestes, il se construit un idéal d'amour, de lucre, de puissance, de vengeance et le reste, que l'individu s'efforce à poursuivre et à réaliser, avec des variations incessantes sur ce thème. Mais si l'on a compris l'importance du coefficient affectif, on voit la différence fondamentale qui doit se produire entre la passion-sentiment et la passion intellectuelle, celle du cœur et celle de la tête, la profonde et la superficielle, la vraie et la fausse.

Chez les intellectuels, le travail de l'imagination fait illusion, donne l'apparence de solidité à une passion sans attaches, qui n'est souvent qu'un fantôme ou un exercice de dilettantisme.

Chez ceux en qui l'élément affectif des représentations est le principal, l'imagination crée ou entretient des

passions vraies qui possèdent tout l'individu et ne se
prêtent pas à ses caprices.

Finalement, on arrive à cette conclusion un peu paradoxale; c'est que l'imagination créatrice — au sens ordinaire — c'est-à-dire la faculté de construire un monde
irréel avec des images sensorielles, est plus apte à engendrer des passions factices que des passions réelles et que,
sous cette forme, son influence sur la vie passionnelle
est plus faible qu'on ne le croit.

Au contraire, avec l'effacement relatif des images sensorielles et le renforcement de leur coefficient affectif,
l'imagination est au fond même de la passion ; elle est
moins une influence qu'une participation essentielle, et
comme les états de conscience complexes agissent en
raison de leur complexité, l'énergie de la tendance —
fond de toute passion — s'augmente de ce que la construction imaginaire y ajoute.

III. Avec les opérations logiques, nous montons d'un
degré. Ici, une antithèse se pose : la passion ne raisonne
pas, c'est l'opinion générale; la passion raisonne, c'est
l'opinion de quelques psychologues. Les deux thèses ne
sont pas inconciliables. Pour la comprendre, il faut
pénétrer dans la complexité de l'état passionnel et montrer
qu'il contient : d'une part, une fonction logique *intrinsèque*, intérieure, inhérente à toute passion, partout et
toujours, et relevant de la logique des sentiments; d'autre
part, des opérations logiques *extrinsèques*, surajoutées,

qui relèvent de la logique rationnelle et se produisent
sous deux formes : le raisonnement de construction et le
raisonnement de justification. Nous avons donc trois
opérations de l'esprit à examiner.

1° Tout état de passion, pour se constituer, se maintenir et s'accroître a besoin d'éléments. Ils lui sont four-
nis, comme nous l'avons vu, par l'association aidée de la
dissociation. Toutefois cela n'est pas une explication; car
cette attraction (ou répulsion) exercée par la tendance
prépondérante et l'idée fixe en qui elle s'incarne, n'est
guère qu'une métaphore qui exprime seulement la portion claire et saisissable du mécanisme, sans montrer le
ressort qui meut et qui est dans le fond même de la personne. C'est là qu'il faut chercher l'origine de la structure logique qui, à un degré quelconque, forme la char-
pente intellectuelle d'une passion.

Lorsqu'une tendance a dépassé le niveau de l'instinct
pur pour atteindre la pleine conscience de son but (et
elle n'est une passion qu'à ce prix), il se crée dans l'individu une attitude exclusive, unilatérale, en vertu de
laquelle tous ses jugements ne donnent une *valeur* aux
personnes et aux choses qu'autant qu'elles convergent
vers ce but et le favorisent; tout ce qui est étranger ou
antagoniste est jugé une non-valeur. L'opération logique
qui est au fond de toute passion, qu'elle se forme ou se
maintienne, est donc le *jugement de valeur*. J'ai insisté
ailleurs (*Logique des sentiments*, p. 32 et suiv.) sur la nature
de ces jugements qu'on peut nommer aussi des jugements

affectifs. A l'encontre du jugement ou concept purement rationnel, il contient deux éléments : l'un intellectuel, l'autre émotionnel, dont le rapport varie en degré et en importance suivant les cas. Il est clair que chez l'homme passionné l'élément émotionnel est prépondérant et il tire sa valeur et sa non-valeur de son accord ou de son désaccord avec le but de la passion.

Ce jugement affectif s'exerce sur les perceptions propres à susciter ou augmenter l'amour, la haine, l'ambition, etc., — sur les images sensorielles propres à causer le même effet — sur ces états de conscience que j'ai proposé d'appeler des « abstraits émotionnels », images qui se réduisent à quelques qualités ou attributs des choses tenant lieu de la totalité et qui sont choisis ou éliminés pour des raisons diverses, *mais toujours d'origine affective*, en d'autres termes, parce qu'il nous plaisent ou nous déplaisent. L'action de ce jugement de valeur est donc de renforcer l'élément affectif dans les états de conscience évoqués par les circonstances et d'entraîner dans un même courant ceux qui sont aptes au but indiqué par l'idée fixe. Ce jugement de valeur est la seule opération logique, très simple, très élémentaire qui existe dans toutes les passions.

Peut-on aller plus loin et admettre un véritable raisonnement, une opération médiate plus ou moins longue, achevée par une conclusion ; supposer qu'en suite de jugements de valeur, positifs et négatifs, on conclut qu'une personne *doit* être aimée, haïe, un but poursuivi, abandonné? Cela semble se produire dans le stade préliminaire à la constitution de certaines passions, dans la période de tâtonnements et d'indécision, mais quand l'éclosion est rapide ou que la passion est formée — c'est-à-dire dans la majorité des cas — cette hypothèse est bien hasardée : La conclusion paraît plutôt un résultat de la réflexion appliquée à la passion toute faite qu'un élément contribuant à la former : parce que dans la logique des sentiments, qui procède au rebours de la logique rationnelle, la conclusion (la fin) est donnée d'avance ; elle détermine la valeur des jugements au lieu d'être déterminée par eux.

Pourtant on peut produire, comme l'a fait G. Dumas [1], des cas de vrais raisonnements. [Je parle uniquement de ceux qui sont inhérents à la passion elle-même, intrinsèques ; plus loin, on s'occupera des autres.] Je ne suis pas sûr que deux cas cités par lui nécessitent le syllogisme qu'il suppose : un Français s'éprend d'une jeune Anglaise parce qu'elle parle le français comme font les enfants ; une femme devient amoureuse peu à peu d'un ami de son père, parce qu'il le lui rappelle vivement. Selon moi, un simple transfert de sentiment par ressemblance suffit à expliquer les deux passions. Mais l'auteur produit des faits plus probants : une femme jalouse d'une Espagnole rencontre son mari fumant un cigare espagnol et le maltraite incontinent dans la rue. Ici le raisonnement

---

1. L'association des idées dans les passions, *Revue philosophique*, 1891, tome I, p. 483 et suivantes.

est évident ; il y a une conclusion : c'est un cadeau de
cette femme qu'elle croit sa rivale. A l'ordinaire, ces
formes de raisonnement, inductives ou déductives, propres à la passion, sont incorrectes, sans valeur probante,
classées depuis longtemps parmi les sophismes[1]. Mais,
dans la psychologie des sentiments, il faut se méfier de
l'illusion intellectualiste qui consiste à supposer de la
raison en tout et partout. Assurément, il est possible,
avec un peu de dextérité, de ramener le mécanisme d'une
passion à une série de déductions, d'inductions et même
de le transformer en syllogismes. Ceci répond à un besoin
subjectif de la comprendre, et on ne s'aperçoit pas que
l'affubler de ce travestissement rationnel, c'est l'altérer,
la dénaturer. Il faut, autant qu'on le peut, étudier la passion objectivement, telle qu'elle est, c'est-à-dire étrangère
à la raison par nature, rationnelle par accident.

Passons de la logique intérieure, la seule nécessaire
et dont la passion ne peut pas se dispenser, à la logique
extérieure, qui n'est qu'un appareil de perfectionnement.

2° Le *raisonnement constructif* n'est évidemment qu'un
auxiliaire. Il est propre à la faculté créatrice, non à la
passion elle-même ; il est un raisonnement imaginatif,
non un raisonnement passionnel. Remarquons en passant
qu'il ne convient pas de parler de raisonnement en
général ; car l'opération logique diffère suivant la nature

---

1. J'ai étudié dans *La Logique des sentiments*, ch. III, section I, le
raisonnement passionnel comme forme particulière de cette logique, en
montrant par des analyses qu'il est l'interprétation rapide d'indices
saisis par intuition, sans aucun souci de la preuve.

des passions : elle ne peut pas être la même chez l'amoureux et chez l'avare, chez un fanatique et chez un joueur.
Ce qu'il y a de commun à toutes les passions, dès qu'elles
ont dépassé l'animalité, c'est une construction imaginaire, ample ou bornée, riche ou pauvre, stable ou mobile,
selon la nature des esprits. Cette construction, née d'un
désir ou d'une répulsion et qui les entretient à son tour,
exige à divers degrés un soutien logique.

Pour simplifier, il me paraît conforme à l'expérience
de répartir les passionnés en deux grandes classes : les
violents, les réfléchis ou calculateurs.

Prenons comme exemple du premier type l'amoureux
fou, la jalousie féroce, le joueur effréné, le Corse ou le
Napolitain altéré de vengeance, le fanatisme religeux ou
politique. Par leurs caractères, ces états rapprochent de
l'instinct dont ils ne diffèrent que par une complexité
plus grande et la claire conscience du but. Ils sont des
impulsions plutôt que des passions — ou mieux des
moments impulsifs, crises fréquentes d'un état passionné
permanent. L'élément logique, par la nature des choses,
tient une place exiguë et ne peut être que d'un emploi
intermittent.

Reste l'autre groupe : l'amoureux qui combine les procédés propres à favoriser sa passion, la haine qui ourdit
sourdement sa trame, l'ambitieux qui dresse son plan et
comme un général habile le modifie au gré des circonstances. Ici le raisonnement rationnel entre en scène
pour jouer quelquefois un rôle très important. Mais qu'on

y prenne garde, le raisonnement est extérieur à la passion ; il est à ses ordres, au service du désir qui en est
élément essentiel ; il est un facteur auxiliaire, non inté-
grant, de l'état passionnel. C'est une superstructure.

3° Bien plus extérieur encore est le *raisonnement de
justification* qui, comme nous l'avons montré ailleurs, est
une manifestation partielle de l'instinct de la conservation. Appliqué à une passion ou à une croyance quelle
qu'elle soit, il est un effort de l'individu pour maintenir
son état et le défendre contre tous les chocs. On peut le
comparer à un ensemble de forts avancés que la passion
dispose autour d'elle pour assurer sa sécurité. Au reste,
il est tellement accessoire que l'homme passionné
dédaigne souvent de s'en servir envers lui-même ou
envers les autres.

En définitive, nous pensons que l'analyse précédente
justifie l'assertion que la seule opération logique qui soit
le *proprium quid* de la passion, c'est ce jugement de
valeur, sans cesse répété, qui affirme ou nie, choisit ou
élimine, selon la règle invariable de la logique des sentiments qui est gouvernée par le principe de finalité. Tout
le reste est utile, mais surajouté. Sans doute, la part de
la logique rationnelle reste encore assez belle dans beaucoup de cas. Comment s'en étonner, puisque, entre toutes
formes énergiques de la vie affective, la passion est la
plus intellectualisée? C'est à des éléments extra-senti-
mentaux qu'elle doit sa fermeté de contours, sa stabilité,
sa durée; c'est par eux qu'elle dépasse les manifestations

éphémères de l'impulsion et de l'émotion. Mais pour elle,
les procédés de la logique rationnelle n'en restent pas
moins un moyen, un secours, un instrument dont elle
use, sans qu'il fassent partie d'elle-même.

D'après cette analyse, la passion vue *synthétiquement*
est donc un solide faisceau de forces coopérantes : au
centre, une tendance énergiquement poussée vers un but
fixe ; entraînant dans son tourbillon des perceptions, des
images et des idées ; ajoutant au réel le travail de l'imagination ; enfin soutenue par une logique rationnelle et
extra-rationnelle. Ainsi s'explique sa puissance irrésistible et l'anéantissement de la volonté qui en est la suite.

V

Beaucoup d'auteurs ont traité des rapports entre la
passion et la volonté. Ils ont décrit la période de lutte
entre la passion naissante et l'activité volontaire qui, à
l'état normal, choisit, change, modifie suivant les circonstances et maintenant se heurte contre un obstacle
inattendu. Puis, la fin de la lutte : la passion à l'état de
systématisation complète, invincible, absorbant tout l'individu ; l'action par entraînement, non par consentement ;
la disparition totale du pouvoir volontaire. Inutile de
revenir sur des faits si connus et si souvent décrits. Mais
il convient d'ajouter quelques remarques finales sur l'activité *motrice* et sur son rôle variable selon la nature des
passions.

Quoique l'opinion vulgaire traduite par les langues ne paraisse voir dans les passions qu'un état de souffrance (*pati*), la subjugation de l'individu par une force extérieure à lui, vue sous un autre aspect, la passion est au contraire une des formes les plus manifestes de notre activité. Physiologiquement, elle modifie l'innervation centrifuge, efférente, par suite la circulation, le tonus vaso-moteur, la respiration, les sécrétions, bref toute la vie organique et en sus les mouvements. Comme les passions ne sont pas immanentes mais en acte, les manifestations motrices en sont l'émanation directe et font partie intégrante d'elles. Mais l'activité motrice n'est pas identique dans toutes les passions — plus exactement chez tous les passionnés. On peut distinguer deux types : l'un d'impulsion, l'autre d'arrêt.

Le premier type est celui des passions dites dynamiques qui conservent, nous l'avons vu, une affinité de nature avec les instincts, impulsions et émotions. La passion semble s'élancer du fond de l'individu, elle passe tout entière dans ses instruments, s'en empare, les possède, s'y condense. Les mouvements acquièrent une soudaineté, une brutalité, une énergie qui souvent défient tout frein. L'homme déploie sans ménagement tout ce qu'il a de puissance; son être passe en entier dans son action : les plus faibles peuvent accomplir des prodiges. Ses caractères peuvent se résumer ainsi : l'élément moteur est le plus fort, l'élément intellectuel est le plus faible.

Le second type est celui des passions statiques, plutôt apparentées à la réflexion qui, de sa nature, est inhibitrice. Ce n'est plus la force seule, mais d'autres qualités de l'action : finesse, adresse, subtilité, union calculée de violence et de patience, d'emportement et de circonspection; arrêt des mouvements, des gestes expressifs, des paroles. Ses caractères peuvent se résumer ainsi : l'élément intellectuel est le plus fort, l'élément moteur est le plus faible.

Je ne dis rien des formes intermédiaires, probablement plus fréquentes que les types purs. Je ne donne non plus aucun exemple concret, parce que la passion étant individuelle varie selon le tempéramment et le caractère. Ainsi, l'amour est par nature plutôt du premier type; mais quelquefois il prend la forme du second. L'ambition appartient en droit au second type, mais se rapproche souvent du premier. Mon seul but était de rappeler que dans toutes les passions, même les plus calmes en apparence, il y a toujours des éléments moteurs virtuels ou actuels et que, en ce point, la différence entre les deux types est moins de fond que de forme.

CHAPITRE II

LA GÉNÉALOGIE DES PASSIONS

(PREMIÈRE PARTIE)

———

I

Quoiqu'on ait publié plusieurs ouvrages sous le titre de *Physiologie des passions*, on peut affirmer que le sujet est presque intact, au sens où nous l'entendons, c'est-à-dire strictement limité à ce groupe de manifestations affectives dont on a essayé de fixer les caractères dans le précédent chapitre. Remarquons en effet qu'une connaissance *générale* des conditions physiologique de la vie affective serait insuffisante. La théorie de Lange-James a été discutée à satiété : elle est rejetée totalement par les unes, acceptée partiellement par d'autres. Mais cette théorie, ou l'hypothèse intellectualiste des Herbartiens, ou toute autre moins connue, fût-elle considérée comme établie et admise universellement, ce ne serait qu'un premier pas vers notre question, puisque nous demandons à connaître non les conditions communes à toutes les formes du sentiment, mais les conditions spécifiques et nécessaires de *chaque passion*, son substratum biologique.

Une comparaison avec la physiologie des phénomènes intellectuels qui est beaucoup plus avancée, nous fera mieux comprendre le problème posé. L'anatomie et l'histologie de l'encéphale, des nerfs sensoriels et moteurs, sans être épuisées, sont fixées dans leurs grandes traits. De même pour l'activité fonctionnelle du cerveau et de ses annexes. Toutefois on ne se contente pas de cela. Ce n'est que la détermination générale des conditions matérielles de l'activité pensante; elle doit être complétée par la connaissance des conditions propres à chaque cas particulier : à la perception, à l'image, aux opérations supérieures de l'esprit. — On sait combien la physiologie des sensations dans ses rapports avec la psychologie a été fouillée et continue de l'être avec persévérance pour chaque sens (pour la vision, l'audition, le toucher, etc.). — Sur elle s'appuie la physiologie des images, beaucoup moins déterminée, quoiqu'elle ait recours, comme auxiliaires, aux faits pathologiques tels que l'hallucination et les aphasies. — Si l'on s'élève au jugement, à l'association, au concept, au raisonnement, la détermination spéciale des conditions physiologiques devient de plus en plus vague et précaire, quoique l'étude des langues et autres signes analytiques fournisse quelques points d'appui matériel. En résumé, on a cherché et quelquefois trouvé les conditions propres à chaque forme spéciale de l'activité intellectuelle.

Pour la physiologie des sentiments, je ne vois rien de comparable à ces travaux de détail. En admettant que l'une des théories ci-dessus mentionnées, quelle qu'elle soit, suffise à l'explication *générale* des conditions de la vie affective dans ses formes ordinaires, moyennes, il resterait à la compléter et à la préciser par deux groupes spéciaux : les émotions, les passions. J'omets à dessein, pour simplifier, le groupe des émotifs-impulsifs, ou déséquilibrés, qui relève plutôt de la pathologie. A la vérité, les conditions physiologiques des principales émotions (peur, colère, joie, chagrin) ont été étudiés avec soin par Lange et d'autres à sa suite : ce qui constitue un grand progrès. Mais, je le répète, pour les passions, en tant que phénomènes spéciaux et distincts des émotions, on sait peu de chose sur les parties et fonctions de l'organisme qui coopèrent à l'existence de chacune d'elles, sauf pour l'amour. Les observations et expériences sur le mécanisme de l'expression, la physionomie, la mimique, sont les seules tentatives faites en ce sens : assez nombreuses du reste, elles ont l'inconvénient d'être limitées au dehors et de pénétrer rarement dans la physiologie intérieure.

Les passions, surtout les plus intellectuelles, étant des édifices fort complexes, des groupements d'états souvent hétérogènes, leurs conditions anatomiques et physiologiques ne peuvent être simples. Il faudrait, à mon avis, distinguer au moins deux étages correspondant l'un aux éléments inférieurs, l'autre aux éléments supérieurs de

la passion; le premier aux influences inconscientes ou
subconscientes, le second aux états de conscience clairs.
J'éclaircis par quelques exemples.

Une sensation *générale* de malaise ou de souffrance
partout répandue est due à une insuffisance de nutrition
de l'organisme : telle est la base physiologique de la
faim. Elle est accompagnée d'une sensation *spéciale*,
localisée ordinairement dans l'épigastre et l'abdomen,
quelquefois plus envahissante. Mais en fait la faim est
l'expression d'un état du corps tout entier, elle est *totius
substantiæ* : cette sensation interne est la résultante d'une
multiplicité de sensations partielles, vagues, obscures,
mal définies qui surgissent des diverses parties de l'organisme. Pour que ce besoin qui sous sa forme normale est
l'appétit et sous sa forme morbide le délire famélique,
devienne une passion, pour qu'il monte du premier au
second étage, il doit susciter et organiser autour de l'idée
dominante et stable, — le plaisir de manger affirmé
comme souverain bien — un groupe d'états psychiques
d'ailleurs fort restreint, puisqu'il se réduit à des sensations
ou représentations visuelles, gustatives et olfactives.
Cette psychologie si chétive qu'elle soit suppose nécessairement une physiologie correspondante, suffisamment
connue dans son ensemble et même quant à sa localisation cérébrale.

On peut répéter ce qui précède pour la passion du
buveur. Elle a aussi sa physiologie générale et sa physiologie spéciale. La soif exprime un état de l'économie tout

entière produit par une déperdition des liquides nécessaires à la vie. C'est l'appel à une réparation urgente.
Elle est aussi *totius substantiæ*, quoiqu'elle semble se
localiser principalement dans la région buccale et pharyn-
gienne. Sur ce besoin physique se greffe une passion
dont la psychologie est encore plus pauvre et plus
restreinte que la précédente, quoique l'idée maîtresse
paraisse plus obsédante. Les conditions physiologiques
de cette deuxième phase — passage du besoin subconscient au désir stable et répété avec pleine conscience —
sont imparfaitement connues.

La passion de l'amour occupe une position privilégiée;
car, d'une part, elle a les bases physiologiques des
passions animales (nutritives), et, d'autre part, elle peut
marcher quelquefois de pair avec les passions les plus
intellectualisées, les plus hautes. Les processus de la
fécondation étant une modalité de ceux de la nutrition;
le besoin sexuel est l'analogue du besoin nutritif; d'où
quelques auteurs concluent que la physiologie qui correspond aux éléments inconscients ou subconscients de
l'amour sexuel est la répétition des conditions générales
précédemment décrites pour les passions nutritives. Ils
soutiennent que, comme la faim et la soif, le besoin sexuel
a sa source dans tout notre organisme, qu'il est lui aussi
totius substantiæ et que l'on peut dire sans métaphore
« que nous aimons avec tout notre corps[1] ». La physio-

1. On trouvera un exposé complet de cette thèse dans le livre du
Dr Roux, *L'Instinct d'amour* (1901). Proal, *ouv. cit.* (p. 27 et suiv.), a

logie de ce premier stade a été amplement décrite dans
les traités spéciaux : conduction dans la moelle épinière
et l'encéphale sans filets nerveux spécialisés, localisation
supposée dans la zone de sensibilité générale (circonvo-
lution centrale rolandique, pied des trois frontales,
lobule pariétal supérieur et inférieur). — Mais le propre
du deuxième stade, c'est que la physiologie de l'amour
peut suivre une marche ascendante, une évolution toujours grandissante en complexité. En bas, l'amoureux est
à peine au-dessus de l'ivrogne ou du gourmand; en haut,
il peut atteindre un intellectualisme subtil et raffiné.
Alors apparaissent ces multiples opérations énumérées
plus haut (association, dissociation, jugements de valeurs,
raisonnements et le reste) qui toutes supposent un équivalent physiologique et forment ensemble un groupement
physiologique spécial; mais tout manque comme indi-
cations précises, dès qu'on dépasse cette affirmation
générale.

Si de ces trois passions en connexion étroite avec la vie
nutritive, organique. on passe aux autres qui s'en éloignent
ou du moins ne sont pas aussi profondément enracinées
en elle, le problème physiologique devient plus embarrassant et à peine éclairci.

On peut cependant mettre à part quelques passions qui,
si différentes qu'elles soient dans leur allure et leur but,

trouvé dans divers documents de procédure criminelle la même affirmation sous une forme vulgaire : « Je l'ai dans le sang; je l'ai dans la
peau ».

me paraissent sortir d'une tendance fondamentale : celle
de l'individu à l'expansion, à l'affirmation de sa personnalité, qu'on peut résumer en la formule de Nietzsche, *la
volonté de puissance*. Elle est au fond de toute passion
qui aime le risque, l'aventure par plaisir — sous une
forme plus intellectuelle, dans la recherche ardente du
pouvoir, de l'argent — dans quelques passions moins
fréquentes qui seront mentionnées ci-après. La base physiologique de ce groupe passionnel est le besoin spontané
d'activité, l'ardeur irrésistible à dépenser de l'énergie
accumulée. Non satisfait, il s'exprime par un état
d'inquiétude générale, d'excitation nerveuse que l'exercice
seul peut calmer. Cette disposition que l'état d'apathie
innée ou acquise par l'effet de la maladie, de la vieillesse,
fait ressortir par contraste, a été décrite par les physiologistes[1] sous divers noms. Elle agit tantôt sous une forme
plutôt physique (passion de la chasse, des sports), tantôt
sous une forme plus intellectuelle. A mon avis, c'est
aussi de cette source que découlent tous les fanatismes,
qui sont pourtant des manifestations passionnelles assez
complexes. Beaunis fait une remarque analogue : « C'est
ce besoin d'activité psychique, quand il est poussé très
loin, qui fait les collectionneurs, les chercheurs, les
inventeurs, les brasseurs d'affaires, les spéculateurs, les
hommes à projets, les missionnaires ou les apôtres d'une
religion ou d'une idée, écrivains, artistes, financiers,

---

1. Voir en particulier Beaunis, *Les sensations internes*, ch. ii (F. Alcan).

hommes politiques, dont la vie est une fièvre perpétuelle,
et dont le cerveau est toujours en ébullition » (*Ouv. cité*,
p. 20). Nous reviendrons dans la suite sur cette question.

Très différentes sont les passions statiques dont
l'avarice est le type. (Notons aussi la haine concentrée
qui n'aboutit pas à la vengeance, certains modes de
jalousie, etc.) Quelle base organique peut-on lui assigner?
Par son manque de sympathie, son égoïsme étroit, sa
placidité, l'avarice est en opposition complète avec le
précédent groupe et semble faite surtout d'actions inhibitoires. L'état de tension déterminé par l'idée fixe ressemble à un tétanos mental. Malgré son cercle restreint
et sa pauvreté imaginative, l'avarice est une passion très
intellectualiste et sa physiologie serait surtout celle des
opérations intellectuelles. D'ailleurs, elle donne peu de
prises à des recherches en ce sens. La seule issue possible
serait peut-être de s'orienter vers l'étude du caractère et
finalement du tempérament[1].

En somme, si l'on met à part les éléments organiques

1. Les auteurs qui, pendant la première moitié du xix⁰ siècle, ont
effleuré la physiologie des passions, suivant la théorie et avec les ressources de leur époque, ont essayé de les rattacher à un organe particulier ou à ses fonctions. Ainsi Descuret note dans la passion amoureuse des affections chroniques du cœur et des poumons; dans
l'ambition, des inflammations aiguës ou chroniques des organes diges-
tifs, des cancers de l'estomac et du foie; dans l'envie et la jalousie des
dilatations des vaisseaux sanguins, l'hypertrophie du foie, une fièvre
lente symptomatique, etc. Sans nous arrêter à cette objection possible :
que la prétendue cause des passions pourrait en être l'effet, on doit
remarquer que ces explications portent la marque de la doctrine soli-
diste alors régnante. Actuellement, il est probable qu'on inclinerait
davantage vers des explications humorales.

qui sont à la base de toutes les passions et auxquels la biologie s'est sérieusement appliquée, il reste les éléments intellectuels dont les conditions physiologiques sont très insuffisamment établies. D'une part, les plus généraux tels que l'association, la dissociation, les opérations logiques. D'autre part, l'idée fixe, maîtresse ou simplement dominante, qui est capitale dans la genèse et le maintien de la passion. Elle a donné lieu, nous l'avons dit, à de nombreuses études, mais presque exclusivement *pathologiques*. Or, il ne faut pas oublier que l'idée fixe, absorbante, se rencontre aussi chez l'inventeur, le chercheur, à un degré plus faible dans les préoccupations de la vie ordinaire, et que ces cas eux-mêmes sont différents de celui du passionné.

On peut donc dire avec Renda : « Il n'existe pas d'anatomo-physiologie des passions. Les observations faites jusqu'ici concernent aussi les processus émotifs avec qui on les confondait. Nous ne doutons pas que l'altération passionnelle de la personnalité s'appuie sur une série de phénomènes physiologiques et peut-être même anatomiques qui ont leurs caractères propres. Mais comme nous échappaient (pour le moment, on commence à en soupçonner quelques-uns) les caractères physiologiques des psychopathies qu'on appelait des maladies fonctionnelles, ainsi nous échappent ceux des passions dont la complexité psychique fait soupçonner une complexité correspondante d'altérations anatomiques et physiologiques[1] ».

1. *Le passioni*, 1906, p. 81-82.

Voilà un long développement pour constater un *deside-ratum*. On l'excusera, si l'on veut bien remarquer qu'une connaissance solide des facteurs biologiques ne serait pas un faible appui pour comprendre la nature intime des passions. Ce qui explique peut-être cette lacune c'est que, depuis que la psychologie physiologique s'est constituée, les passions ayant été totalement omises, oubliées comme manifestations spéciales, non fixées dans leurs caractères, le sujet ne pouvait guère attirer l'attention des physiologistes.

II

' Maintenant, je voudrais essayer, non une classification — œuvre à peu près impossible, comme on le dira à la fin de ce chapitre — mais une *généalogie* des passions. Étant une formation secondaire ou même tertiaire, toute passion doit, en principe, pouvoir être ramenée à un état élémentaire, à une tendance dont, suivant la définition classique, elle n'est que l'exagération. La seule tentative raisonnable est donc : 1° de déterminer la source originelle de chacune d'elles ; 2° de montrer par quels procédés les passions se forment, c'est-à-dire par agrégat d'éléments homogènes, par agrégat d'éléments hétérogènes, par agrégat d'éléments à la fois hétérogènes et contraires. Ces trois modes de combinaison se rencontrent.

Notre tâche serait très simplifiée, si nous pouvions prendre comme point de départ une classification bien

établie des tendances primitives (besoins, appétits, inclinations) chez l'homme. Nous avons vu que ces tendances
ou instincts sont l'expression fonctionnelle de l'organisation physique et psychique : l'homme les possède parce
qu'il est homme. On peut chercher leur origine (et on l'a
fait) dans l'utilité vitale, l'adaptation, l'hérédité; mais il
n'est pas indispensable pour le psychologue de soulever
cette question, il se contente d'accepter les faits. —

Jusqu'ici tout le monde s'accorde; mais s'il s'agit de
fixer avec précision ces tendances primitives, les uns se
bornent à une simple énumération complète ou incomplète, comme W. James (*Psychology*, II, p. 383 et suiv.),
d'autres ont recours à des procédés plus rigoureux, comme
Paulhan (*Les caractères*, p. 116 et suiv.). En définitive,
aucune classification ne s'est imposée comme adéquate
et irréductible. L'essentiel est de rappeler encore une
fois que l'origine de la passion est dans un *mouvement* ou
arrêt de mouvement. La tendance est la possibilité, qui
devient une réalité, d'agir dans un sens et vers un but
déterminé. Les sensations internes et externes qui la
sollicitent à passer de la virtualité à l'acte ne sont que
des causes occasionnelles; le phénomène fondamental est
et reste moteur, c'est-à-dire appétition, tension, attraction,
répulsion.

Si l'on prend l'instinct dans son sens particulier, restreint, désignant des formes d'activité connues de tout le
monde, qui atteignent leur plénitude dans certaines
espèces animales, on ne peut nier qu'entre lui et les

passions *fortes*, il y a une ressemblance si frappante que l'observation vulgaire l'a constatée dans le langage : instinct amoureux, instinct du jeu, etc. Sans entamer une digression, qui serait très déplacée ici, sur la nature des instincts animaux, je ferai remarquer qu'en dehors des hypothèses théologiques, métaphysiques, transcendantes, on a cherché l'explication dans deux voies : la connaissance, le mouvement : F. Cuvier et d'autres à sa suite admettaient que les animaux « ont dans leur sensorium des images ou sensations innées et constantes qui les déterminent à agir comme les sensations ordinaires déterminent à agir communément. C'est une sorte de rêve, de vision qui les poursuit toujours ». Ce mécanisme est expliqué par la connaissance. — Plus tard, on a placé le caractère propre de l'instinct ailleurs : il est la réaction motrice, innée, à une excitation externe ou interne. Trois éléments concourent à le former : les sensations, perceptions ou images, qui sont la cause occasionnelle ; les mouvements liés à l'organisation ; le rapport entre les réprésentations et les mouvements. Ce qui est inné c'est ce rapport, dépendant des conditions anatomiques et physiologiques. Ici le mécanisme est expliqué par des adaptations motrices [1].

1. Selon cette conception, l'instinct est un réflexe composé et supérieur. Elle a été exposée par divers auteurs, spécialement par Schneider dans son livre *Der thierische Wille*, V, p. 411, dont le passage suivant est extrait : « Les actes instinctifs ne résultent pas de représentations innées. Sans doute, il faut admettre des phénomènes de connaissance. Si l'animal ne sentait pas la faim ou ne percevait pas sa nourriture, aucun instinct ne s'éveillerait en lui. Mais ce qui est

Dans toute *grande* passion, il y un but clair et unique qui entraîne l'activité entière de l'individu avec une force irrésistible. Or, si l'abeille qui construit son alvéole avait — elle l'a peut-être — la conscience du but qu'elle poursuit et de l'impossibilité de s'y soustraire; son état se rapprocherait beaucoup de celui du passionné, sauf l'absence d'un concomitant affectif; dans les deux cas, un entraînement mécanique, inexorable comme celui d'un engrenage. La grande passion ressemble donc à un instinct; elle est un automatisme acquis et temporaire; tant qu'elle dure, elle réagit avec une constance inébranlable. Mais toutes nos tendances n'engendrent pas de grandes passions, elles n'en possèdent pas l'étoffe. Beaucoup ne produisent que des passionnettes; d'autres, peu nombreuses, sont totalement infécondes. Si on avait dressé une liste complète, on pourrait préciser, indiquer les exceptions : elles seraient rares, sauf parmi les tendances purement organiques. Pourtant, il me paraît douteux que les tendances défensives, par exemple l'instinct de la pudeur, engendrent des passions au sens rigoureux. Cette question sera reprise plus loin.

hérité [inné] c'est le rapport d'un état de conscience parfaitement déterminé à un sentiment ou instinct déterminé; et ce rapport psychologique se ramène à un rapport physiologique, c'est-à-dire à un processus nerveux qui est nécessairement conditionné ,par la nature du système nerveux lui-même. Ni psychiquement, ni morphologiquement, il ne se transmet des phénomènes tout faits (*fertige*), mais simplement les propriétés du processus vital qui permet le développement de ces phénomènes. Les instincts sont possibles, parce que certains rapports entre certaines sensations ou perceptions et certaines impulsions sont transmises par hérédité ». — Sur ce sujet, voir aussi Groos, *Die Spiele der Thiere*, ch. II.

Au reste, l'important n'est pas cette détermination négative. En l'absence d'une classification indiscutée, nous adopterons une division sans prétention scientifique mais adaptée à notre sujet et commode pour la recherche généalogique. La voici :

1° Tendances ayant pour but la conservation individuelle.

2° Tendances propres à la conservation de l'espèce.

3° Tendances qui contribuent à l'expansion de l'individu, à l'affirmation de sa volonté de puissance.

Ces trois groupes produisent les passions les plus fréquentes, les plus répandues, par conséquent celles qui correspondent aux besoins profonds et stables de la nature humaine.

4° Dans un dernier groupe, je place les besoins plus rares, moins exigeants chez la plupart des hommes, par conséquent moins aptes à devenir prépondérant ou tyranniques. Aux passions d'un caractère universel que l'humanité a manifestées dans tous les temps et dans tous les lieux, elles s'opposent comme des variétés individuelles (passion esthétique, scientifique, religieuse, politique, morale).

Ici un programme de ce chapitre est nécessaire. Le lecteur n'y trouvera pas une monographie de chaque passion, travail qui exigerait plusieurs volumes; l'amour en réclamerait un pour lui seul. On se limitera à la recherche généalogique et à des remarques sur le mode de composition de chaque passion. Toutefois, comme

les anciens psychologues ont étudié surtout les passions
les plus communes, et comme les contemporains se sont
généralement abstenus, il me semble nécessaire d'insister sur les passions du quatrième groupe, trop souvent
oubliées, ou mentionnées en passant. Le développement
sur chaque passion sera donc en rapport, non avec son
importance, mais avec la rareté des études sur ce sujet.
Quoique ce procédé prête à la critique, il m'a paru préférable, ne fût-ce que pour inviter d'autres à des monographies complètes.

I. Quoique les besoins liés à la conservation physique
de l'individu soient nombreux, — nutrition, respiration,
locomotion, vocalisation, tendance naturelle de chaque
sens à exercer sa fonction, etc., — nous avons vu que
ce groupe ne produit que deux passions issues de la faim
et de la soif, à moins qu'on ne soit disposé à admettre
une passion des odeurs et des parfums.

Ces deux passions, la gourmandise et l'ivrognerie, sont
de composition simple et homogène; elles ne comportent
aucun élément disparate, en désaccord avec le plaisir
recherché. Nous avons noté plus haut la pauvreté de leur
psychologie, sans en indiquer suffisamment les causes.
Il y en a deux principales : l'exiguïté de la construction
imaginative, leur caractère d'individualisme étroit.

Sans imagination, point de passion. Un besoin organique — la respiration — s'accompagne souvent d'un
vif plaisir, lorsqu'on sort d'un lieu confiné ou qu'on

aspire l'air à pleins poumons sur les montagnes. Néan-
moins, il ne devient pas une passion, parce qu'il ne ren-
ferme pas en lui-même assez d'éléments psychiques
(sensations, images), pour former un tout cohérent, stable,
qui s'impose à la conscience et y dure ; que par conséquent
les conditions fondamentales de la passion font défaut. Je
rappelle que la matière psychique de la gourmandise et
de l'ivrognerie est assez mince, puisqu'elle se réduit à un
groupe de sensations ou représentations affectives, gustatives et *subsidiairement* visuelles. Pourtant, il faut constater qu'au cours des âges, elles ont subi une évolution,
de la gloutonnerie des sauvages aux orgies de Rome, aux
grandes ripailles du moyen âge et aux raffinements du
xviiie siècle. Sous l'influence de la civilisation, elles ont
pris dans leur ensemble une apparence plus intellectuelle ;
mais, comme toute passion, sans perdre leur caractère
exigeant jusqu'à l'obsession, incarnée dans une idée fixe.
Descuret, qui, d'après l'expérience, ne craint pas d'affirmer
« qu'il y a des individus qui naissent gourmands comme
d'autres naissent aveugles », a rapporté en détail des cas
d'envahissement progressif et total de l'esprit par la passion
culinaire et de raffinements de toute sorte, fruits de longues
réflexions et d'essais pratiques [1].

L'individualisme étroit qui est propre à ces deux
passions ne se rencontre dans aucune autre, sauf peut-
être l'avarice. Elles n'existent que dans l'individu, ren-

---

1. *Médecine des passions.* p. 380.

fermées en lui sans puissance d'expansion communica-
tive, sans rayonnement au dehors par attraction ou par
répulsion. Pour Robinson Crusoë, solitaire dans son
île, je vois beaucoup d'émotions possibles ; je ne vois de
passions possibles que celles-ci. A titre de correction, on
pourrait invoquer les festins en commun, inventés dès la
plus haute antiquité ; mais ceci est la recherche d'un
autre plaisir qui est étranger à la passion et en dehors.

Jusqu'ici nos deux passions organiques ont été étudiées
conjointement ; une disjonction s'impose s'il s'agit de
l'ordre de leur apparition chronologique. La gourmandise
est très précoce ; la passion de l'ivresse ne l'est pas et
— ce qu'on pourrait oublier par irréflexion — elle est
susceptible d'un développement beaucoup plus complexe
qui agrandit singulièrement sa psychologie : c'est lorsqu'elle devient une source de consolation ou d'inspiration. Alors, elle subit une métamorphose. Cette passion
organique qui n'a d'habitude pour matière que des
sensations impérieuses, se transforme et devient la
recherche d'une vie d'imagination et de rêve. Le vin,
les alcools, l'éther, la morphine, l'opium, le haschich
et le reste, en sus de leur propre attrait, satisfont un
désir stable et intense : celui d'avoir un accès facile dans
un monde d'imprévu et d'inconnu. Ainsi, cette passion,
en dépit de ses origines, conduit au seuil de la passion
esthétique.

Ayant renoncé à toute monographie, je passe rapidement et sans commentaire sur cette transformation pour

revenir à notre point de départ : la gourmandise, passion *primitive*. Le fait est incontesté et d'observation banale pour les enfants; de même pour les peuplades sauvages. Par suite, on est amené à se demander si ceci n'est pas un cas particulier de la loi de « récapitulation » admise par les biologistes et appliquée quelquefois à la psychologie : « L'ontogenèse est la répétition de la phylogenèse; le développement de l'individu répète, en raccourci, celui de l'espèce. » Cette prépondérance des passions nutritives au début de la vie individuelle et spécifique ne serait-elle pas le premier stade d'une évolution dont il serait curieux de suivre la marche, en notant l'ordre chronologique de l'apparition de chaque passion? Cette question posée ici à propos d'un cas particulier est trop complexe et trop générale pour être traitée en ce moment. Après l'avoir seulement indiquée, il est préférable de l'ajourner à la Conclusion de ce travail; elle y sera mieux à sa place.

II. Entre toutes les passions, l'amour est celle dont la littérature est de beaucoup la plus abondante; c'est une raison majeure pour être très bref. Au reste, selon notre plan, deux points seulement sont à traiter : sa généalogie, sa composition comme tout psychologique.

1° Rien de plus simple à fixer que son origine : un instinct existant dans la série animale tout entière. Quelques biologistes sont même allés plus loin et sans s'inquiéter de l'absence totale de système nerveux n'ont

pas craint d'attribuer cet instinct aux micro-organismes
animaux et végétaux; ils soutiennent « que l'élément
spermatique en se dirigeant vers l'ovule qu'il doit
féconder est animé du même instinct sexuel qui dirige
l'être complet vers sa femelle ». Il est vrai que d'autres
rejettent cette psychologie qu'ils qualifient d'anthropo-
morphisme et soutiennent que des actions chimiques
suffisent à tout expliquer [1]: Quoi qu'il en soit, purement
mécanique, subconsciente ou consciente, cette attraction
violente d'un individu vers un autre est la base physique
sur laquelle la passion s'édifiera plus tard. Elle n'est pas
encore née, car l'instinct sexuel tout seul, dans sa simplicité, diffère grandement de cette construction complexe
qui est la *passion* amoureuse au sens exact. En effet,
l'amour est une manifestation de la vie affective, à
évolution complète, où l'on peut distinguer trois périodes
principales : instinctive, émotionnelle, intellectualisée.
La passion n'est conciliable qu'avec les deux dernières
formes, surtout la seconde qui répond au type complet
de l'amour; car dans la troisième période, celle de
l'amour pur, platonique, mystique, une rupture d'équilibre se produit aux dépens des éléments physiologiques
et de l'instinct qui s'effacent graduellement devant un
idéal qui s'intellectualise de plus en plus.

2° C'est à ce moment, intermédiaire entre la domina-

---

1. Pour une étude détaillée sur cette question de l'instinct sexuel en
général, nous renvoyons à notre *Psychologie des sentiments*, 2° partie,
ch. vi.

tion de l'instinct et celle de l'idée, qu'on rencontre les principales formes de combinaison constituant l'amour.

Il y a d'abord celle qui est considérée à bon droit comme l'idéal complet, faite toute entière d'éléments homogènes. Dans un passage très connu, Herbert Spencer, après avoir remarqué « qu'ordinairement, on parle de la passion, de la passion qui unit les sexes, comme d'un sentiment simple, tandis qu'en réalité, c'est le plus composé et par conséquent le plus puissant de tous », essaie une énumération de ces éléments que je résume : état purement physique, impression produite par la beauté ou le charme, affection-tendresse (qui peut exister en dehors de l'amour) sympathie, admiration impliquant un certain respect, amour-propre satisfait de se voir choisi et préféré, plaisir de la possession réciproque, liberté d'action parce que dans l'amour le libre usage de l'individualité d'un autre nous est concédé, « et comme chacun de ces sentiments est en lui-même très complexe, parce qu'il réunit une grande quantité d'états de conscience, nous pouvons dire que cette passion fond en un agrégat immense presque toutes les excitations élémentaires dont nous sommes capables et que de là résulte son pouvoir irrésistible [1] ».

Ainsi la forme normale est une synthèse de tendances homogènes, c'est-à-dire orientées dans le sens de l'attraction et accompagnées d'états agréables : ce qui lui donne

1. *Principles of Psychology*, § 215.

unité et stabilité. Toutes les autres formes en diffèrent.

La plus commune est l'amour jaloux, composé *hétéro-gène et contradictoire*. On soutiendrait à tort qu'il s'agit seulement de deux passions coexistantes, car l'amour et la jalousie sont emmêlés et impliqués étroitement l'un dans l'autre. Même dans les cas où la jalousie n'éclate que par accès, étant ainsi plus proche de l'émotion que de la passion, elle substitue à la cohérence de l'amour normal une perpétuelle menace de dissolution. La jalousie, comme on le dira plus loin, étant une combinaison d'états disparates et divergents, faite d'attraction et de répulsion, le conflit est inévitable entre tant d'éléments discordants qui affirment et nient, attirent et repoussent, en sorte qu'une telle passion maintenue seulement par l'idée fixe (l'objet aimé) est la stabilité dans la tempête.

Moins fréquent mais beaucoup plus simple dans sa composition est l'amour qui s'accompagne de *mépris*, à un plus faible degré de manque d'estime. Cette forme de passion a ce caractère propre qu'elle ne s'explique pas par les seuls éléments psychiques, elle implique en sus un élément *moral*; car le mépris est non un jugement de fait, mais un jugement de valeur, comme tous les jugements moraux. Quoique le mépris soit une attitude de l'esprit que chacun connaît par expérience, on en comprendra mieux la nature en le rapprochant d'un état plus grossier, plus net, le dégoût physique, qui est dans son fond une tendance défensive de l'organisme, un instinct de protection, et finalement une modalité de l'instinct de conservation personnelle. Le mépris en est la forme intellectualisée; il est au dégoût organique ce que la peur consciente est à la peur organique. — A son degré le plus simple, le mépris dans l'amour consiste à s'éloigner de l'objet de la passion qui, perçu ou représenté, évoque un sentiment pénible. C'est une position défensive qui paraît se réduire à une inhibition. — A un degré plus élevé, le dégoût ou le mépris d'abord plutôt passif s'accompagnent d'un sentiment d'irritation plutôt actif. Il y a passage de l'attitude défensive à l'attitude offensive : c'est le commencement d'une disposition qui en croissant deviendra la haine. Mantegazza a montré en détail le passage de la simple répugnance au dégoût et à la haine dans l'expression de la physionnomie et de l'ensemble du corps qui repousse ou menace [1].

Pour le moment, restons-en à cette position instable, malgré tout durable chez quelques-uns, où l'amour et le mépris coexistent. Les causes de cette combinaison *hétérogène et en apparence contradictoire* sont faciles à déterminer; c'est l'instinct de la conservation de l'espèce qui maintient l'amour, et l'instinct de la conservation individuelle qui maintient le mépris. Il y a à la fois cohabitation et zizanie entre la nature physique et la nature morale. Quoi qu'on puisse penser du « Génie de l'espèce » et de la métaphysique de l'amour de Schopenhauer, elle

1. *La physionomie et l'expression des sentiments*, chap. xiii (Paris. F. Alcan).

exprime un fait positif : l'action d'une force naturelle
inexorable. D'autre part, l'individu, non plus en tant que
fragment infinitésimal de l'espèce, mais en tant que
personnalité consciente, comprend sa diminution, l'amoin-
drissement de valeur que lui inflige cet amour, parce
qu'il a mal choisi, et il essaie de réagir.

Une forme encore plus aiguë dans sa contradiction
c'est le mélange d'amour et de *haine* que les romanciers
et auteurs dramatiques ont souvent dépeinte. Elle diffère
de l'amour jaloux parce que, dans la jalousie, il y a la
croyance vraie ou fausse de la dépossession au profit
d'un autre; elle suppose trois facteurs. Le cas de haine
est plus simple, étant limité aux deux amants. Au premier abord, cette monstrueuse combinaison déconcerte
et paraît inexplicable. L'obscurité se dissipe si l'on
remarque que l'amour au sens restreint — attrait d'un sexe
pour l'autre — est tout à fait distinct de la sympathie, de
la tendresse et de leurs dérivés. L'opinion commune les
identifie à tort, et cette erreur a été partagée par beaucoup
de philosophes qui ont soutenu que la tendance sexuelle
est l'origine des sentiments altruistes. En fait, l'amour
sexuel est foncièrement *égoïste*; il serait facile d'en
donner des preuves[1]. En fait aussi, le plus souvent, il

1. « Posez cette question à un amant : Accepteriez-vous de laisser la
place à un rival, si le bonheur de votre maîtresse dépendait de cette
abnégation? La réponse n'est pas douteuse. Bien plus, dites à cet
amant : Si vous le voulez, à votre amour répondra un amour semblable,
mais votre maîtresse risque sa situation, sa tranquillité, peut être sa
vie. Presque toujours il passera outre; sa maîtresse d'ailleurs serait
désolée qu'il n'en fût pas ainsi; elle croirait à juste titre qu'elle n'est

se combine avec les sentiments attractifs énumérés par Spencer; mais la combinaison n'est pas indissoluble. Une association analogue existe entre le sentiment religieux et le sentiment moral, qui n'est ni originelle (l'histoire le prouve), ni essentielle, qui souvent manque et choque l'opinion commune qui ne comprend pas cette dissociation.

Ceci posé, la question s'éclaircit. Dans l'amour, outre l'instinct sexuel, caractère spécifique, il y a le caractère individuel, égoïste chez les uns, affectueux et expansif chez les autres. Laissons ceux-ci qui sont le type normal. La coexistence de l'amour et de la haine n'est possible que chez ceux où il y a addition de deux égoïsmes : les tendances sympathiques, très faibles, sont facilement arrêtées ou annihilées par la tendance destructive qui est le fond de la haine. En d'autres termes, de l'instinct sexuel part le mouvement initial qui, par irradiation naturelle, physiologique, suscite chez l'homme normal les tendances sympathiques; chez l'égoïste ou le déséquilibré, les tendances malveillantes ou destructrices.

Mais cette division établie entre les deux catégories d'amoureux n'est pas une réponse complète à la question : comment peut-on passer brusquement de l'amour à la haine sans raisons tangibles? Pourtant, que de cas de ce

pas aimée. » Roux, *ouvr. cité*, p. 237. — Il y a des exceptions, mais les hommes qui se tuent pour faire le bonheur de la personne qu'ils aiment et qui ne les aime pas, sont en petit nombre. « Aimer c'est vouloir le bonheur de la personne aimée, mais à condition de le partager, d'en être l'auteur; c'est vouloir son propre bonheur par la possession de l'objet aimé ». Proal, *ouv. cité*, p. 93.

genre. Rappelons la tragique liaison d'Alfred de Musset et de George Sand « qui s'aiment à la folie et se haïssent avec fureur, qui se quittent avec des cris de rage et se reprennent avec des élans de tendresse pour se torturer de nouveau, qui sortent de ce duel d'amour comme des combattants meurtris de coups, pleurant, criant, le cœur brisé…. La vie que ces deux amants ont menée ensemble a été si douloureuse que George Sand après la rupture écrivait à Sainte-Beuve qu'elle aimerait mieux se brûler la cervelle que de recommencer la même vie[1] ». Combien d'inconnus ont, comme ces auteurs célèbres, traversé de pareils orages! « Dans plusieurs affaires criminelles, j'ai constaté, dit Proal[2], que l'amant avait tué ou voulu tuer sa maîtresse quelques instants après avoir eu avec elle des relations intimes. Ce sont les amours les plus violents qui sont suivis des haines les plus féroces. »

A mon avis, la réponse à ce problème psychologique est celle-ci : Les amants — l'un d'eux au moins — ne sont pas des passionnés vrais, mais des *émotifs-impulsifs*. La passion profonde est faite de stabilité sous la pression incessante d'un idéal exclusif. La passion de Musset et de ses congénères en amour est faite de besoins brusques, de poussées impétueuses, d'émotions violentes : ce n'est pas la passion, état chronique, mais son simulacre, composé d'une succession d'états aigus, de crises : c'est le retour à l'état de disposition émotionnelle. Sans doute

---

1. Mariéton, ap. Proal, ouv. cité, p. 88.
2. Ouvrage cité, p. 90.

l'épuisement amoureux pourrait aboutir à l'indifférence ou au dégoût, c'est le cas ordinaire, mais chez les déséquilibrés, la réaction va jusqu'à l'extrême : haine ou mort. L'objet aimé a changé de valeur, de positif il est devenu négatif; et il est probable qu'en ces êtres excitables et impulsifs à l'excès, il se produit une comparaison inconsciente entre ce qu'il a paru dans le passé et ce qu'il paraît dans le présent, d'où naît une irritation qui le transforme en ennemi.

Assurément, cette forme d'amour est pathologique. On peut, si cela plaît, rappeler la férocité du rut dans certaines espèces animales et invoquer des influences ancestrales. Il est moins hypothétique de chercher la cause immédiate dans les tares de la constitution individuelle soit physique, soit psychique.

Si je n'avais résolument retranché de mon sujet la pathologie de l'amour, on pourrait aller plus loin dans cette voie et rappeler l'exaltation de la volupté par le sang, dans l'individu isolé ou dans les masses, lorsque dans les révolutions et le sac des villes, le meurtre et le viol se mélangent.

Nous n'avons signalé que les formes principales du second stade de l'évolution de l'amour. Même en omettant le troisième stade — intellectuel — qui aurait fourni des variétés (amour platonique, amour par vanité, etc.), que d'éléments homogènes, hétérogènes, contradictoires groupés en combinaisons sans nombre! Si l'on tient compte, en outre, des différences de sexe, de l'apport de

chaque amant suivant son caractère, son tempérament,
sa culture et aussi les caprices de la mode, on comprendra combien de manifestations diverses se cachent sous
le terme unique d'amour et comment cette passion est
d'une si grande importance dans l'histoire de l'humanité.

III. Jusqu'ici nous avons vu une seule tendance, organique ou sexuelle, se transformer en passion. L'étude qui
suit est moins simple. On a signalé plus haut la tendance
fondamentale de l'individu à l'expansion de son être, sa
« volonté de puissance » qui se déploie sous une forme
tantôt physique, tantôt psychique. Elle nous paraît la
source originelle de passions très diverses. Remarquons
incidemment que les hommes en qui elles manquent sont
les non-passionnés (passions organiques et sexuelle mises
à part). Cette « volonté de puissance » n'est-elle qu'une
formule générale qui résume des tendances multiples —
seule réalité — ou bien est-elle un état inné, constitu-
tionnel, qui, au cours de l'existence, se différencie et se
manifeste par ces tendances multiples ? Qu'on adopte
l'opinion qui plaira, cela a peu d'importance pour notre
sujet.

Assimilons la tendance originelle qui est le fond de
toute passion, à une racine avec sa tige qui, quelquefois
unique, n'engendre qu'une *seule* passion, quelquefois
ramifiée, en produit *plusieurs*. Autour de cette tige, des
cristallisations s'amassent, s'agrègent, se consolident :
ce sont les états de conscience, éléments constitutifs de

toute passion. Sur la tige ramifiée, supposons que chaque
rameau se cristallise à sa manière, différemment de ses
voisins : c'est l'image des passions très différentes d'apparence, malgré leur communauté d'origine, comme on
en donnera plus loin des exemples. Ce sont des membres
d'une même famille qui ont oublié l'ancêtre commun.

Pour dresser la généalogie des passions issues de cette
tendance à l'expansion, nous les diviserons en trois catégories, suivant que cette expansion s'opère par *sympathie*,
par *conquête*, par *destruction*. Je prie le lecteur d'accepter sans trop d'exigence cette division un peu grossière,
mais commode pour notre exposition.

Il y a peu à dire sur le premier groupe : comme il
dépasse rarement la zone des sentiments moyens, il est
peu fécond en passions. Lorsqu'elles se produisent, elles
ont leur origine première dans la sympathie, qu'on la considère soit comme une propriété générale des êtres sen-
tants, soit comme une tendance à l'expansion sous la
forme *assimilatrice*. J'ai indiqué ailleurs (*Psych. des sen-*
timents, II* partie, ch. IV) comment le développement de
la sympathie passe par plusieurs stades. D'abord organique, automatique, inconsciente, elle n'est guère qu'une
propriété de la matière vivante. Puis, elle devient psychologique ; elle crée chez deux ou plusieurs individus
des dispositions affectives analogues : si, pendant cette

période d'unisson psychologique, on pouvait lire dans
l'âme de ceux qui sympathisent, on percevrait un fait
affectif unique réfléchi dans plusieurs consciences.
Toutefois, cet état de sympathie ne constitue pas par
lui-même un lien d'affection, de tendresse entre ceux
qui l'éprouvent, il ne fait qu'y préparer. Il faut l'adjonc-
tion d'un élément nouveau, l'addition d'une manifestation affective qui est « l'émotion tendre », suivant le
terme consacré par plusieurs auteurs et qui se traduit
par la bienveillance, la pitié, l'amitié, les sentiments
familiaux, bref par les affections qui ont, à un degré
quelconque, le caractère altruiste.

Ce groupe fournit une grande part de ces sentiments
ordinaires et quotidiens, d'intensité moyenne, que nous
avons distingués des émotions et des passions. Sans doute,
il se produit parfois des poussées brusques (émotions),
ou des états stables et tyranniques (passions), par
exemple l'amour maternel sous ses formes extrêmes ;
mais, à tout prendre, ce groupe ne mérite qu'une mention
très courte dans une étude sur les passions. Par nature,
la tendresse et ses dérivés répugnent à l'excessif et ne
peuvent l'atteindre qu'en s'adultérant.

.
. .

Le deuxième groupe est d'une tout autre importance ;
la tendance expansive prend une allure conquérante et
engendre des passions en apparence très diverses.

Mentionnons d'abord les formes minimes, sauf à y

re venir plus tard en étudiant les petites passions; les
exercices du corps, les sports, la chasse, etc., qui peuvent
acquérir et conserver les caractères que nous avons
assignés à la passion, d'absorber l'homme tout entier.

Sur le même fond, surgissent d'autres passions de plus
haute envergure, parce que leur constitution psychologique est beaucoup plus riche en éléments intellectuels :
c'est le goût des *aventures* et ses modes, réductibles à une
tendance unique, celle d'oser, de risquer, de dépenser
une bouillonnante énergie en défi au danger (hardiesse,
audace). Passion complexe qui, autour de la tendance
fondamentale, groupe des états divers : curiosité, attrait
de l'inconnu, désir de la nouveauté, attente et espoir,
affirmation de la force par la recherche des obstacles
à vaincre, des dangers à surmonter. Chez tous les
peuples, à certaines époques de leur histoire, ce type
passionnel a dominé. Tels les chevaliers de moyen âge
qui dépensent leur vie en passes d'armes et en tournois
perpétuels, courant tous les pays en quête de prouesses,
lançant leur défi à tout venant. — Les *Conquistadores*
des xvᵉ et xviᵉ siècles sont de cette nature, mais avec un
idéal plus positif: gagner de l'or et des terres. La passion
des aventures est renforcée par l'ambition. — Citons
encore les grands explorateurs de tous les temps. Chris-
tophe Colomb en est le type; sa biographie, qui est
connue dans les plus menus détails, est un parfait
exemple de la ténacité invincible d'une idée fixe qui
règle toute une vie.

En somme, avec ses variantes, c'est la passion des
natures exubérantes, des grands actifs ; aussi, comme il
est naturel, elle se rapproche beaucoup du tempérament
propre aux émotifs-impulsifs et ne s'en distingue que par
la stabilité du but. La passion des aventures est alimentée
par l'imprévu : c'est un tissu de changements et d'émotions, mais qui repose sur une trame serrée et stable[1].

Outre les passions qui précèdent, la tendance à rechercher l'aventure, le risque, à tenter l'inconnu, engendre
encore la passion du *jeu de hasard*. Il est remarquable que
le jeu, au sens large de surplus d'énergie vitale, d'activité
désintéressée, superflue, ou de prélude à l'exercice d'une

---

1. Comme exemple de ce genre de passion à enveloppe émotionnelle,
j'emprunte aux *Mémoires* de Saint-Simon, la biographie de son contemporain Jean de Watteville, né à Besançon, en me limitant à une simple
énumération de ses actes. Très jeune, il fait la guerre en Italie, tue en
duel un dignitaire espagnol; pris de repentir, il s'enferme dans un couvent de Capucins, quitte le froc, poignarde le prieur qui s'y opposait, va
en Espagne, tue en route un compagnon d'auberge, plus tard tue encore
en duel un jeune espagnol, s'enfuit dans le Levant avec une religieuse
qu'il avait enlevée et qui meurt à Smyrne. Il se fait musulman, sert le
sultan pendant quinze ans, devient pacha de Morée, livre sa forteresse
aux Vénitiens en mettant comme prix de sa trahison son absolution par
le Pape et des bénéfices en Franche-Comté : ce qui fut fait. Puis, après
avoir flotté entre la France et l'Espagne, il passe aux Français, conquérants de son pays; comblé par eux d'argent et d'honneur, il meurt
dans son abbaye de Beaune, à l'âge de quatre-vingt-neuf ans (1702).
Voilà un beau cas de psychologie qui mériterait une analyse de détails.
Je me borne à l'indiquer entre des milliers d'autres qui sont inconnus
pour montrer comment *à la limite*, il est difficile de différencier le
passionné de l'émotif-impulsif, et pour montrer aussi comment une vie
pleine de violences et d'agitation est conciliable avec la fermeté du
dessein. Ceci est dit à l'encontre de la thèse que nous discuterons plus
tard (ch. IV) qui soutient que toute passion est de nature essentiellement pathologique.

fonction, a été l'un des sujets favoris de la psychologie et
même de l'esthétique contemporaines. Je rappelle seulement les deux ouvrages de Groos sur les jeux chez les
animaux et chez l'homme, si intéressants et si richement
documentés. Tout au contraire, le jeu comme *passion* est
presque oublié. On découvre à peine dans ces dernières
années quelques essais courts et rares[1]. Nous sommes
pourtant en face d'une passion qui ne le cède à aucune
autre par son antiquité, son universalité, sa violence et
ses résultats tragiques[2]. A vrai dire, les grands joueurs
seuls pourraient écrire cette psychologie avec compétence,
mais ils ont d'autres soucis. S'improviser joueur *par
curiosité* est un état d'âme tout différent. En voici un qui,
visitant Monte Carlo, joue et essaie de décrire ses sentiments : Illusion, quand il gagne, d'être habile et de
montrer autant de mérite qu'en réglant un mouvement
intelligent aux échecs. Autre illusion quand il perd ; il
se critique lui-même pour avoir choisi tel numéro.

1. Clemens France, The Gambling Impulse, dans l'*American Journal of
Psychology*, juillet 1902, t. XIII. Article fait en partie d'après la
méthode des questionnaires, florissante en Amérique. — D. Hartenberg, Les émotions de Bourse, *Revue philosophique*, août 1905.
2. L'amour violent des jeux de hasard n'est pas rare chez les peuples
primitifs. On trouve dans les *Védas* un Hymne du Joueur, considéré
peut-être comme un charme magique : il respire l'ivresse du gain ou la
détresse de la défaite; les dés sont « vivants, ils palpitent, ils enfon-
cent leurs crocs brillants dans le cœur du joueur ». Plus loin, ils se
transforment en aigles ravisseurs. Dans le *Mahâbhârata*, l'aîné des cinq
Pandavas perd tour à tour ses trésors, son palais merveilleux, son
royaume, ses frères, leur commune épouse et sa propre personne.
Remis en liberté, il recommence, perd encore et est condamné à
treize ans d'exil. — La passion du jeu, quoique permanente, paraît
avoir sévi particulièrement pendant certaines époques de l'histoire.

(Cf. France, *art. cité.*) Mais ceci n'est pas une passion. On ne s'inocule pas l'amour du jeu à volonté. Que dirait-on d'un insensible se proposant *par curiosité* de devenir passionnément amoureux, et des résultats de sa tentative?

Pour étudier cette passion dans sa véritable nature, il faut d'abord éliminer les formes apparentes, les simulacres;

Le jeu par habitude, par passe-temps, accompagné d'une excitation très modérée, ayant plutôt des vertus sédatives;

Les joueurs qu'on a appelés systématiques : maîtres d'eux-mêmes, calculateurs ayant le gain pour but unique. C'est une profession qui, comme tout autre, s'exerce quelquefois avec ardeur et âpreté;

Le jeu passion est une combinaison psychologique très différente. Essayons d'en fixer les principaux éléments.

1° Le désir du gain. Il est étrange que quelques auteurs l'aient nié — erreur qui s'expliquera dans la suite — car comment comprendre la passion du jeu si elle n'a pour moteur principal, non unique, le violent désir de l'acquisition sans peine et d'un seul coup? Si le doute était possible, que l'on considère cette passion chez les peuples primitifs; la simplicité de leur état mental laisse transparaître sa nature. Or, elle a pour but immédiat le gain facile et rapide des valeurs de possession ou d'échange : armes, bétail, esclaves et autres richesses en nature, la monnaie n'existant pas.

2° La tendance au risque, à l'aventure, qui au lieu de

se dépenser en sports, en expéditions guerrières, en explorations, suit une autre voie. On connaît la fièvre des grands joueurs. Marro fait observer « que le jeu tient dans le champ de l'activité psychomotrice la même place que l'alcool dans l'alimentation ; il donne l'illusion de la richesse comme le vin donne l'illusion de la force. Aussi la manie du jeu se produit dans les mêmes conditions que la dipsomanie et l'érotomanie ». Par suite de cet état de fièvre, un phénomène se produit qui n'est pas rare dans la vie affective. Le besoin invincible de tenter le hasard devient l'état prédominant, la préoccupation du gain tombe au second plan ; en sorte que la passion du jeu prend une *apparence* désintéressée, semble ne s'exercer que pour elle-même, pour le seul plaisir de se satisfaire : ce qui, à notre avis, a suggéré l'erreur signalée plus haut que le grand joueur n'est pas mû par l'appât du gain. Mais, en fait, le gain est l'idéal, conscient ou non, qui maintient et sollicite sans cesse la tendance au risque. Sans lui, elle ne serait qu'une activité vide, sans caractère spécifique.

Telles sont les deux conditions fondamentales sur lesquelles cette passion repose. Au fond, homogènes et convergentes, elles ne font qu'un, quoique l'analyse puisse les séparer, parce qu'elles ne sont pas nécessairement coexistantes. Le jeu est une chasse dont le gibier est l'or.

3° Comme les jeux de hasard impliquent l'espoir d'un profit matériel ou pécuniaire, ou simplement l'honneur

d'avoir triomphé, il y a les émotions de la lutte contre
les adversaires présents ou contre cet inconnu qui est le
hasard : plaisir de la victoire, douleur de la défaite suivie
d'une réaction vers la revanche, exaltations et dépres-
sions. Tout cela constitue cet état de perpétuelle alerte
qu'on nomme la fièvre du jeu. C'est *l'attente* concentrée
et exaspérée qui, d'ailleurs, se rencontre dans d'autres
passions. Remarquons qu'elle n'est qu'une attitude de
l'esprit, — dynamique par la tension aiguë qui la caractérise, — formelle, au sens des logiciens, c'est-à-dire vide
par elle-même de tout contenu. Elle a pour substratum
ordinaire une construction imaginative de l'avenir, un
ensemble de représentations qui sont projetées dans le
futur, localisées au delà du présent par progression, au
rebours de ce qui se passe pour la mémoire. Ce travail
imaginatif de l'attente est quelquefois très riche (ex :
un rendez-vous amoureux). Ici au contraire le contenu
de l'état d'attente est très simple : gain ou perte, victoire
ou défaite. Tout l'effort de l'individu est, comme dans
l'attention, limité, localisé en un point unique; et,
comme dans l'attention, les états moteurs prédominent.

4° Enfin, il y a un élément mystérieux qui est une foi
inconsciente ou irraisonnée dans la puissance de l'inconnu, du hasard, d'un *Fatum*. Rien n'est plus notoire
que les superstitions des joueurs, optimistes ou pessi-
mistes : pressentiments, songes, bons et mauvais jours,
mauvaises places, mauvais voisins, présages, rencon-
tres, etc.; quelques-uns dissimulent des amulettes. Cette

état de croyance me semble reposer sur un postulat
inconscient qu'on peut formuler ainsi : Dans un cas
donné, lorsque, entre plusieurs possibles, un événement
se produit sans cause déterminable, il est l'effet d'un
pouvoir supérieur. On pourrait produire à profusion des
preuves de fait de cette croyance implicite en une puissance mystérieuse qui se manifeste par le sort considéré
comme un jugement de Dieu, un arrêt du Destin [1]. Assurément, de nos jours, la plupart des joueurs n'ont pas
cette croyance naïve. Il n'est pas nécessaire non plus
d'invoquer l'atavisme, les influences ancestrales ; il suffit
de prendre la nature humaine telle qu'elle est en
moyenne. C'est un cas de la logique propre à la
croyance, au désir, à la crainte, qui ne résiste pas un
instant à la critique rationnelle, mais que l'exaspération
passionnelle tend à renforcer.

En somme, le jeu, malgré le peu d'études psychologiques qu'il a suscitées, doit être posé comme une des
formes types de la passion dynamique. Sur ce point, il
n'est inférieur à aucune autre, même l'amour.

En apparence, le joueur est de la catégorie des émotifs-
impulsifs par l'impulsion violente, irrésistible, traversée

1. On trouvera dans Tylor, *Primitive culture*, ch. II, des documents
abondants sur ce sujet dans ses rapports avec les jeux de hasard :
oracles par le sort, tirage au sort des champions, ordalie au moyen
âge. Cet auteur rapporte qu'un ministre puritain très connu publia
en 1619 un traité sur la nature des jeux de hasard où il est dit « que
le sort étant certainement de sa nature une œuvre immédiate et spéciale de la Providence, un oracle sacré, un jugement de Dieu, s'en
servir pour un usage frivole, comme dans le jeu, est un péché. »

de crises aiguës ; — par l'expression physiologique ; tantôt
un visage volontairement impassible qui masque l'agitation intérieure ; tantôt les contorsions, les palpitations,
la rage qui enfonce inconsciemment les ongles dans la
chair vive — par la fréquence des suicides et des crimes.

Au fond, il est un vrai et grand passionné par l'idée
obsédante qui le tient tout entier et dont la ténacité est
presque invincible. Un Hambourgeois, dit Kant, qui avait
perdu au jeu une grosse fortune, se consolait en voyant
les autres jouer et en pensant que s'il la recouvrait « il ne
saurait en faire un usage plus agréable que de recommencer ». Un détenu politique dans la prison du Mont-
Saint-Michel jouait, quoique malade, sa maigre ration de
bouillon et de vin ; il mourut d'inanition (Descuret).
Combien d'autres agissent de même !

Telle est la force de cette passion que, nous l'avons
vu, elle peut subir une transformation platonique où
elle n'est plus que l'attrait du risque et de l'inconnu, un
analogue de la guerre, un défi au destin, l'or n'étant qu'un
soutien et une amorce. Aussi on a pu dire avec raison
à propos du jeu « qu'il y a dans toute passion réellement
complète, une poésie, un je ne sais quoi de tragique et
presque de grandiose ».

.·.

Ainsi, prenant pour point de départ une propriété
biologique très générale — la tendance naturelle de

l'être vivant et sentant à son expansion — nous l'avons vu d'abord prendre une forme déterminée : l'impulsion au risque, à l'aventure. Puis trois directions correspondant chacune à une *combinaison* psychologique différente. La première, pauvre en éléments intellectuels et sans partie. La seconde, franchement agressive, en lutte ouverte contre les hommes et les choses, retentissant dans le monde par son rayonnement social. La troisième, non moins violente, mais enfermée dans le cercle étroit de l'individu et de ses proches.

Mais la tendance de la suractivité physique et psychique à l'expansion, la « volonté de puissance », peut prendre encore d'autres directions, poursuivre un but précis, déterminé. L'amour du risque n'est plus qu'un moyen subordonné, ou même il disparaît totalement. De cette tendance naissent deux passions dont la physionomie et la composition psychologique sont, malgré leur origine commune, entièrement dissemblables : l'ambition et l'avarice.

L'ambition est un désir *violent* et *continuel* de s'élever au-dessus des autres. Dans cette définition, les deux épithètes soulignées sont nécessaires; car le simple désir de s'élever est naturel à la plupart des hommes. Il y a diverses catégories d'ambitieux — suivant le but : domination, honneurs, renommée; — suivant les procédés : les fougueux, les réfléchis, les composites. Une monographie de cette passion appartient au moraliste autant qu'au psychologue. Elle est si connue dans ses grands traits, qu'à moins de l'étudier à fond, on ne peut sortir des

banalités. Ses éléments psychologiques sont : 1° un égoïsme
absolu, une hypertrophie du moi qu'aucune passion n'égale,
même l'amour, et dont le délire des grandeurs est la cari-
cature. Les conquérants sont le cas extrème, quoiqu'ils
essaient de persuader aux autres et quelquefois à eux-
mêmes que leur ambition sert l'intérêt général [1]. 2° Par
la réflexion et la richesse d'invention qu'elle exige, elle
serait la plus intellectuelle de toutes les passions, si l'avarice n'existait pas. 3° Les grandes ambitions impliquent
la tendance au risque, mais comme procédé auxiliaire,
comme moyen, ou par plaisir et curiosité. L'ambition de
moindre allure, calculée et persévérante, l'exclut autant
qu'elle peut.

Posséder est une autre forme de la puissance. La propriété sous toutes ses formes est de la force condensée,
de l'énergie à l'état potentiel. Les uns les dépensent selon
leurs besoins ou leurs caprices, les autres thésaurisent.
De là, deux variétés.

Celui qui travaille beaucoup pour acquérir beaucoup et
dépenser beaucoup (type américain), glisse facilement
dans la prodigalité. Est-ce une passion? Non. On ne peut
la qualifier telle que par un abus de langage. Elle est
l'effet du tempérament, du caractère, d'une disposition
quelquefois généreuse, quelquefois vaniteuse; c'est une

---

1. Quelques historiens ont calculé que, de 1804 à 1815, Napoléon a
fait tuer plus de 1 700 000 Français: peut-être 2 000 000 ont péri à titre
d'alliés ou d'ennemis.

habitude, mais non la tyrannie d'une idée dominatrice.

L'autre variété est l'*avarice*, type achevé de la passion sous sa forme statique[1]. Sa psychologie est plutôt négative, hormis la tendance fondamentale qui reste inébranlable. Absence d'imagination et de sympathie, à l'encontre du prodigue. Jugement borné, intelligence rétrécie et sans horizons, horreur du risque, peu d'effort. Seule, la volonté est tenace, ne faisant qu'un avec la passion. L'avare est maître de lui-même et des autres; il ne connaît ni les impulsions ni les fantaisies. En somme, il est heureux, sauf quelques accès de peur.

Pourtant, il y a dans cette passion un élément idéaliste, noté déjà par les anciens psychologues et qu'il serait très regrettable d'oublier. « Leibniz, écrit Dugas, a fait remarquer que l'avarice atteste les ressources incroyables dont notre imagination dispose pour vaincre les passions voluptueuses et brutales et maîtriser les instincts les plus impérieux. Plus simplement, elle est l'exemple typique de la passion se suffisant à elle-même, comme le Sage antique, ne goûtant plus et ne recherchant plus de satisfaction d'aucune sorte, contente d'être et de subsister seulement et gardant une vitalité intense dans une vie réduite. C'est là ce qu'on peut appeler le sentiment à l'*état abstrait*, c'est-à-dire simplifié, subsistant en dehors de ses manifestations obligées et normales. » — « Quelque

1. Le Dr Rogues de Fursac a publié dans la *Revue philosophique* de janvier et février 1906, une monographie très étudiée de l'avarice, à laquelle je fais de nombreux emprunts.

paradoxal que cela puisse paraître, l'amour de l'avare pour l'argent est *désintéressé*. Il s'attache à la propriété *pour elle-même*, sans aucune intention de la faire servir à son bien-être matériel ou à son perfectionnement moral. Cet amour de la propriété en soi et pour soi présente chez l'avare un caractère à la fois matériel et mystique.

« Son caractère matériel apparaît dans le sentiment de plaisir intense de l'avare toutes les fois qu'il est en présence des espèces représentant la richesse. Il préfère toujours celles qui ont une valeur intrinsèque, l'or surtout. Beaucoup aiment à contempler, à entasser, à palper, à remuer des pièces d'or. Nous avons vu que le plaisir favori de l'un de nos sujets était d'en couvrir la surface entière de sa table et de rester là de longues heures abîmé dans une sorte d'extase.

« Le côté mystique de l'avare pour sa propriété est tout aussi évident. Le propre du mysticisme est l'oubli de soi-même en face de l'objet aimé, ou plutôt une sorte de fusion qui se manifeste par un état de conscience à la fois intense et exclusif, dont la réalisation la plus complète est l'extase. Or cet état existe parfaitement chez l'avare en face de la richesse, surtout symbolisée par l'or. » (Fursac, *loc. cit.*, p. 180.)

C'est pourquoi l'avarice a ses *héros* : Inutile d'énumérer des faits connus de tout le monde. Pour sa passion, l'avare va jusqu'à la mort par l'inanition, le froid, le refus de soins ou de remèdes. « Une femme d'une avarice classique disait, peu avant d'entrer en agonie : Je voudrais

faire fondre toute ma fortune et l'avaler avant de mourir »
(*Ibid.*, p. 169).

...

Le troisième et dernier groupe des passions est issu
de la tendance à l'expansion sous une forme essentiellement — non accidentellement — destructrice. Le point
de départ est dans une disposition très générale, un peu
vague que, par opposition au premier groupe, dont il est
l'antithèse complète, on peut appeler *antipathie*.

Tandis que, depuis Adam Smith, la sympathie a été
étudiée sous ses multiples aspects par les psychologues
et les médecins, je ne vois pas que l'antipathie ait suscité
le même zèle. Cependant, il me semble qu'en appliquant
la même méthode à son étude, on pourrait retracer son
évolution et marquer des stades à complexité croissante
comme pour la sympathie.

Le premier stade est organique, tout au plus subconscient. Exemples : L'antipathie des gens actifs, remuants,
à mouvements rapides, pour les gens inertes, apathiques,
qui remuent à peine ; — d'un être chétif et souffreteux
pour un individu solide et bien bâti ; — souvent aussi les
hommes sains et vigoureux ont une répulsion spontanée
pour les malades et leurs langueurs. Tout cela ne dépasse
guère le niveau de la physiologie, sauf une conscience
vague de cette répulsion.

Le second stade est l'antipathie instinctive ou intui-
tive, ayant une marque psychologique, mais à l'état

d'enveloppement, sans une conscience claire, c'est-à-dire analytique des causes qui la suscitent. Les romanciers l'ont souvent décrite : deux inconnus qui, à première vue, *sentent* qu'une rivalité d'amour, d'ambition, etc., doit surgir entre eux. C'est le pressentiment d'une hostilité possible, probable.

Le troisième stade est l'antipathie de caractère, nettement tranchée, pleinement consciente. Ex. : celle de l'homme expansif pour le concentré; plus solide encore, celle qui naît d'une différence d'éducation, de caste, de classe, de religion, etc.

Quel est le mécanisme physiologique et psychologique de cette disposition affective ? Celui de la sympathie est simple puisqu'il se réduit à une infiltration lente, à une propagation de mouvements ou à une invasion brusque, en suite desquelles, chez deux ou plusieurs individus, un même état affectif se produit. Nous avons dit plus haut que si, à ce moment d'unisson psychologique, on pouvait lire dans l'âme de ceux qui sympathisent, on percevrait un fait affectif unique, réfléchi dans plusieurs consciences. Au contraire, dans l'antipathie, le mécanisme psychologique est beaucoup plus complexe. Le sujet inducteur, loin de pouvoir faire pénétrer ses sentiments et ses tendances dans le sujet induit, éveille une résistance, une réaction due à la différence de nature affective : de là un antagonisme irréductible. On sait que la psychologie de Herbart repose tout entière sur l'hypothèse d'un conflit, d'une lutte entre les représentations (états de conscience)

assimilées à des forces). Elle pourrait servir à comprendre
les cas d'antipathie et en fournir une explication suffisante.

/ Quoi qu'il en soit de cette hypothèse, l'antipathie
exprime une opposition partielle ou totale de nature
affective entre deux individus, et lorsqu'elle est parvenue
à son troisième stade, elle est prête à engendrer une
passion, *la haine*. Lorsque, réellement ou en imagination,
on est ou se croit lésé, humilié, méprisé, persécuté,
l'antipathie s'affirme, ayant un objet précis et des raisons
justificatives ; elle s'attache à une personne, se renforce
par accumulation, devient stable, obsédante ; elle a acquis
tous les caractères de la passion.

Souvent on hait ceux qu'on a blessés même dans un
simple accès de colère, même quand on a des présomp-
tions sérieuses que l'offensé a oublié ou pardonné. Cette
position psychologique est paradoxale et renverse l'ordre
logique : elle s'explique pourtant. D'abord, par un fait de
sympathie (au sens étymologique) ou, si l'on préfère, par
une construction imaginative, l'offenseur ressent en lui-
même l'état que son attaque a dû produire hors de lui,
chez l'offensé ; il le lui attribue, il se met spontanément à
sa place. Ensuite, cet état malveillant, par un mécanisme
naturel, fait naître en lui l'antipathie qui devrait exister
hors de lui ; en sorte qu'il ne peut se soustraire à cette
croyance qu'elle existe en fait chez l'offensé : C'est un
cas assez complexe de dynamique à la fois représentative
et affective.

La haine est une combinaison psychologique homogène, car elle est faite de tendances statiques à la répulsion — état permanent; et de tendances dynamiques à la destruction — état intermittent. Ces deux états, dont le second n'est qu'un degré de l'autre, sont accompagnés d'un sentiment pénible et sont dirigés vers le même but. Mantegazza, (*ouv. cité*, ch. xiii), dans un tableau synoptique, a énuméré les mouvements et les modes d'expression qui caractérisent la haine. En dehors des phénomènes sympathiques et vaso-moteurs, il les range en deux groupes : 1° les mouvements élémentaires d'éloignement et de répulsion; 2° les menaces en puissance et en actes : ce qui correspond exactement aux groupes d'états de conscience signalés ci-dessus.

Vue d'en dehors, cette passion, qui couve longtemps, quelquefois toujours, est assez monotone, sauf deux événements qui la dramatisent : les accès de colère qui sont des crises, la vengeance qui est une fin.

La colère du haineux est un retour passager à la forme aiguë, émotionnelle; elle éclate au hasard des circonstances; l'énergie accumulée se décharge momentanément. Certains caractères n'ont même pas ces poussées violentes; leur haine est « froide », c'est-à-dire que la force de tension ne devient jamais force vive et que le désir de la vengeance, qui est toujours le but conscient ou inconscient de la haine, ne s'actualise pas. Bain (*Émotions*, I, ch. ix) a prétendu que la colère est un genre dont la haine est une espèce. Cette assertion étrange ne peut s'expliquer

que parce que l'auteur n'a pas suivi la méthode généalogique. D'ailleurs nous discuterons en détail (ch. III) cette
assertion à propos d'une question plus générale : Une
émotion peut-elle engendrer une passion?

La vengeance est le dénouement logique de la haine ;
elle n'est pas une passion, mais le dernier moment d'une
passion, son terme, sa fin. Elle est à la haine ce que la
possession est à l'amour : une satisfaction. Elle varie
suivant les temps, les lieux, les caractères, les sexes; ces
détails n'importent pas ici. Dans la colère, la vengeance
est immédiate. Dans la haine, elle est longuement pré-
parée, préméditée, calculée, et n'aboutit souvent qu'après
beaucoup d'hésitation [1]. Cette explosion finale, comme
toutes les impulsions réalisées, est suivie d'un état de
détente et de contentement ; l'acte vindicatif a libéré de
l'obsession et la haine est morte n'ayant plus d'objet.

*
* *

Faut-il considérer la haine comme un genre dont la
jalousie serait une espèce ou une variété? Sont-elles
deux passions à type distinct, indépendantes quant à leur
origine? J'incline vers la seconde hypothèse. Mais une
discussion sur ce problème me paraît peu désirable, parce

1. On trouvera dans Proal (*ouv. cité*, p. 127 et suiv.) le curieux
journal d'une femme abandonnée par son amant, notant mois par mois,
pendant un an, les progrès et les reculs de son projet de vengeance,
tantôt poussée par sa haine, tantôt retenue par sa foi religieuse et par
un reste d'amour, pour aboutir à trois coups de revolver sans
résultat.

que dans le monde flottant du sentiment et des passions, les termes genre, espèces, variétés perdent leur valeur scientifique et pourraient n'être qu'un leurre.

Le caractère propre de la jalousie c'est qu'elle a pour base l'instinct ou amour de la *propriété* qui n'est lui-même qu'un prolongement de l'amour de soi, une forme de la tendance à l'expansion. La jalousie des amoureux en fournit les plus beaux exemples : celui qui enrage en pensant que sa maîtresse a été admirée ou simplement regardée par un autre. La cause qui suscite la jalousie est l'opinion vraie ou fausse d'une *dépossession* ou de la privation d'un bien convoité.

Ensuite naît un sentiment de haine contre l'auteur de la dépossession ou privation : le cas de la dépossession est le pire parce qu'il y a une diminution réelle et perpétuellement sentie. La haine ainsi produite n'est donc pas primitive, étant un effet de la situation, et elle cesse si l'idée fixe du vol disparaît.

En somme, la jalousie est une passion à éléments hétérogènes ou divergents. Il y a : 1° La représentation d'un bien possédé ou désiré, élément de plaisir qui agit dans le sens de l'attraction et de l'excitation. 2° L'idée de la dépossession (l'amant trahi) ou de la privation (l'homme frustré d'une succession attendue), élément de chagrin qui agit dans le sens de la dépression. 3° L'idée de la cause vraie ou imaginaire de cette dépossession ou privation; elle éveille à des degrés variables les tendances agressives ou destructrices. Dans les formes passives, inertes, de la jalousie, ce troisième élément est très faible.

La jalousie est donc plus complexe que la haine et pour cette raison plus personnelle. Aussi elle n'atteint pas ce caractère général, presque impersonnel, qui se rencontre dans les haines de peuple à peuple, ou entre des groupes : sectes religieuses, partis politiques, classes sociales.

La jalousie a ses variétés. On est jaloux par amour, par ambition, par vanité, par rivalité professionnelle, etc.

La jalousie amoureuse est dans la langue courante la jalousie tout court, par excellence, étant peut-être la plus fréquente, certainement la plus dramatique. En tout cas, psychologiquement une différence doit être établie entre elle et les autres formes. D'abord elle se développe en partie double; elle vise celui qui trahit et celui qui aide à trahir, elle exige trois acteurs : le dépossédant, le dépossédé, le transfuge. Elle est faite d'amour et de haine, elle passe incessamment d'un extrême à l'autre. Elle varie selon qu'elle provient des sens, du cœur ou de la tête (jalousie par amour-propre, par vanité). Elle diffère chez l'homme et chez la femme [1].

Les autres formes de la jalousie naissent plutôt d'une privation ; le bien désiré a passé à un autre : une place convoitée, une distinction honorifique, une brillante clientèle, le succès mondain, etc. Ces cas sont plus proches

---

1. Pour d'autres détails et pour les rapports de la jalousie avec le délire des persécutions, voir notre *Logique des sentiments*, chap. III, sect. I.

de la haine pure et simple. S'il fallait leur donner une
dénomination particulière, le terme *envie* serait le plus
convenable.

Une question finale se pose qu'aucune des passions
précédentes n'a soulevée. On parle souvent de la « jalousie » des animaux et des jeunes enfants. Ceci est en contradiction avec notre thèse que la passion est de formation
secondaire, tardive, et qu'elle exige le développement de
l'intelligence.

Pour les animaux, on trouve dans les ouvrages de
psychologie comparée beaucoup de faits rangés sous ce
titre. Descuret en relate aussi d'assez curieux. En dehors
des rivalitées suscitées par l'amour sexuel, les animaux
domestiques semblent se jalouser entre eux pour la
nourriture, pour les caresses; ils s'irritent quelquefois
des soins donnés aux enfants de la maison. — Il en est
ainsi pour les enfants, entre frères ou sœurs, ou à l'égard
de leurs congénères étrangers si, en paroles ou en actes,
on marque pour ceux-ci une préférence. Ce sentiment
paraît très précoce; dès la première année d'après Perez.

Il est très difficile à l'adulte de pénétrer dans le vrai
fond de ces âmes confuses et enveloppées. Il interprète
d'après les apparences — bouderie, colère — et juge
d'après sa nature d'homme fait. L'explication me paraît
plus simple : il suffit d'admettre une antipathie à sa
période initiale qui, en présence de son objet, fait éruption. Mais ceci est loin de la passion véritable, tenace,
obsédante, ayant conscience d'elle-même, — de la jalousie

qui, pour vivre, n'a pas besoin de la perception de l'objet
haï, qui a acquis une existence indépendante et permanente, sans laquelle l'obsession n'est pas possible. En
somme, la « jalousie » de ces êtres inférieurs me paraît
réductible à des émotions discontinues dans leur répétition. Mais la terminologie mal fixée, équivoque, de la
psychologie affective favorise la confusion. Il faut pourtant reconnaître que dans cette antipathie instinctive, il
y a la notion confuse de la dépossession. Elle est la
marque d'un caractère qui s'ébauche, car ni tous les animaux ni tous les enfants ne sont jaloux. C'est l'embryon
de la jalousie, et ces faits forcent à admettre que, parmi
les passions, celle-ci est l'une des plus précoces.

CHAPITRE III

LA GÉNÉALOGIE DES PASSIONS

(DEUXIÈME PARTIE)

Jusqu'ici nous avons essayé d'esquisser la généalogie des passions universelles. Je désigne par cette épithète les plus répandues, les plus communes, celles qui sont de tous les temps et de tous lieux, qui existent dans l'humanité primitive comme dans les extrêmes civilisations. Ce sont les passions-types. A elles se limitent la plupart des auteurs qui ont traité ce sujet. Cependant, il y en a d'autres qu'ils oublient ou ne mentionnent qu'en passant et qu'il convient de soumettre à la même étude. Elles sont moins répandues, plus rares : comparativement elles ne sont ressenties que par un petit nombre d'hommes. Sauf ce caractère un peu vague, rien ne les distingue spécialement des précédentes. On pourrait dire qu'elles sont plus complexes; mais souvent l'ambition et l'amour le sont autant. Elles ont pour la plupart un caractère collectif et n'atteignent leur complet développement que comme manifestations sociales; mais cette

remarque n'est pas rigoureusement applicable à toutes.
On peut dire encore qu'elles sont moins égoïstes et plus
impersonnelles. Mais, tout cela réuni ne permet pas de
les séparer des autres par une ligne de démarcation. Ce
chapitre, malgré quelques différences, sera donc la conti-
nuation du précédent. Nous étudierons principalement
l'état passionnel sous la forme esthétique, religieuse,
politique; puis quelques types aberrants, qu'en raison de
l'exiguïté de leur objet, j'appelle les petites passions.

I

Si l'étude des passions n'avait pas été toujours concentrée sur un petit nombre, surtout l'amour, la *passion
esthétique* aurait mérité l'honneur d'un examen appro-
fondi qui, suivant le plan que j'ai adopté et indiqué
précédemment, ne peut être tenté ici : car le sujet est
très complexe, si on veut en dégager les caractères généraux à travers les variétés qui se produisent suivant les
arts, les tempéraments, les formes de civilisation. Il faudrait se garder de faire cette étude uniquement d'après
les contemporains.

Je rappelle sommairement que sur l'origine du *sentiment* esthétique, il existe un accord assez rare parmi
les auteurs. Sa source est dans un superflu de vie, dans
une activité de luxe, désintéressée : l'art est une forme
du jeu. Récemment, Groos a substitué à la thèse d'une
surabondance d'énergie, celle d'un instinct primitif dont

le jeu, sous toutes les formes, serait l'expression — l'activité esthétique étant « un jeu d'imitation intérieure ».
Sa raison d'être téléologique est dans l'utilité de la dépense
de forces accumulées, mais surtout dans le plaisir de se
sentir libre de tout but, — dans le plaisir du sentiment
de liberté comme tel. »

« Dans la vie ordinaire, dit Groos, avec ses instincts
qui se poussent et se bousculent, l'apparence des choses
(*der Schein*) n'est jamais qu'un moyen pour s'élever de
l'impression sensorielle à l'intelligence et à la volonté.
On ne se sert de ces apparences que pour connaître,
parce que c'est la seule façon d'agir par rapport aux
choses, en les évitant quand elles peuvent nous nuire,
en les utilisant le plus promptement possible, quand elles
semblent désirables. Dominé comme il l'est par la multi-
tude des intérêts réels, l'homme n'a pas le temps de
s'arrêter avec amour dans la contemplation de l'apparence.

« Il en est tout autrement, quand il permet à l'imagination de se jouer librement en lui. Quel changement se
produit alors ! Aucune image ne saurait la rendre mieux
que celle-ci : l'état d'âme d'un jour de travail est remplacé
par celui d'un jour de fête... Ce n'est pas un simple
hasard qui a toujours fait identifier la béatitude céleste
avec la *contemplation* de Dieu et de sa magnificence ; car
aucun état de la conscience humaine ne met à l'arrière-

1. Groos, *Æsthetische Genus*, Giessen, 1902, et *Einleitung in die
Æsthetik*, Ibid., 1902.

plan tout intérêt égoïste autant que le fait la pure contemplation.

« La différence entre l'apparence en général et l'apparence esthétique est en effet une différence intensive : la première sert, la seconde gouverne ; l'une est fugitive, l'autre nous retient captifs. Toutes les fois que la seule apparence des choses occupe longuement le point culminant de la conscience, se produit en nous le phénomène esthétique. »

Ces citations ne sont pas un hors-d'œuvre. Elles font comprendre ce qu'est la vie esthétique et comment elle peut se condenser en une grande passion ; mais cette passion est rare et inaccessible à la majorité des hommes.

Le sentiment esthétique a ses degrés : sous la forme active, celle du créateur, et sous la forme contemplative, celle de l'amateur. Remarquons que ces deux cas, si distants qu'ils paraissent l'un de l'autre, ont nécessairement un fond commun. L'amateur doit refaire dans la mesure de ses forces le travail du créateur. Sans une analogie de nature avec lui, si faible qu'elle soit, il ne sentira rien, ne comprendra rien ; il faut qu'il vive sa vie et joue son jeu, incapable de produire par lui-même, mais capable et contraint d'être un écho : et même il n'est pas paradoxal de soutenir que la passion esthétique est plutôt propre au dilettante. En tout cas, chez lui elle se rencontre à l'état pur, dégagée des opérations nécessaires au travail de la création, mais étrangères à la passion.

Au plus bas degré, le besoin esthétique n'apparaît chez

l'homme qu'en lueurs fugitives et à titre accessoire,
quoiqu'il soit contemporain des premiers âges de l'humanité, comme le montrent les recherches sur les débuts
de l'art : les dessins de l'époque préhistorique, la danse,
la musique et la poésie rudimentaires des peuples sauvages.

Plus haut, la consécration à l'art devient un état permanent : les aèdes, rapsodes, jongleurs, troubadours ou
trouvères, beaucoup d'architectes du moyen âge et de
peintres ou sculpteurs au seuil de la Renaissance. Mais
chez eux, il convient de faire une large part au zèle
professionnel ; le goût de l'art se renforce de l'amour du
gain. Ils exercèrent leur métier, sans se croire, à cause de
leur art, supérieurs à la moyenne de l'humanité. — On
peut placer au même niveau les amateurs qui ont un
besoin fréquent de satisfaction esthétique, qui en sentent
l'absence, qui la cherchent au lieu de l'attendre du
hasard et des circonstances : le goût des spectacles de la
nature, des arts industriels, de la poésie et de la littérature d'imagination, la fréquentation des théâtres, des
musées, des concerts.

Jusqu'ici nous ne découvrons rien qui ressemble à une
passion. Faut-il l'attribuer à ces grands créateurs qui produisent leurs œuvres par don inné, aussi naturellement
qu'un arbre se couvre de fruits? Tel Shakespeare ou
Lope de Vega, Dante ou Molière, Raphaël ou Rubens,
Mozart ou Rossini. La question est embarrassante, parce
qu'on ne peut appliquer une réponse unique à toutes ces

personnalités. Cependant, puisque la passion consiste à
être possédé par une idée maîtresse, dirigeante et tenace,
on doit accorder à tous la passion de leur art, avec cette
réserve qu'elle n'atteint pas chez tous le moment extrème,
la forme achevée, la plénitude de toute grande passion.
A titre d'éclaircissement, comparons les degrés de la vie
esthétique à ceux de la vie religieuse, plus communs, plus
saisissables, mieux connus. Il y a les croyants sincères,
constants dans leur foi, réguliers dans leurs pratiques,
mais sans idéalité. Il y a au-dessus la foi ardente, supérieure, de ceux qui s'adonnent à la vie religieuse avec
ferveur, mais qui sont en garde contre tout excès (passion
moyenne). Au-dessus encore la foi enflammée qui, sous
la forme de l'ascétisme, du mysticisme ou du fanatisme,
consume l'homme tout entier. La passion esthétique a
sa phase correspondante. Voyons les caractères qui lui
sont propres.

La passion esthétique commence quand l'art est posé
comme bien absolu, suprême désirable, objet d'un amour
sans bornes, sans restrictions, égal aux formes extrèmes
de l'amour humain ou de l'amour divin. Le créateur ou
le dilettante attribuent à l'art un caractère sacré; c'est
une religion dont ils sont les prêtres. Cette apothéose de
l'art qui est la substance de leur passion paraît dériver
d'une double source.

L'artiste, surtout le poète, est un inspiré, un révélateur,
un prophète, un voyant qui dépasse de beaucoup le
niveau moyen de l'humanité. Cette croyance se rencontre

dès l'antiquité, même chez les philosophes (le ἱερόν ὁ ποιήτης de Platon.)

L'artiste vit éternellement dans la mémoire des hommes et la suite des âges ; il peut même conférer à d'autres l'immortalité.

Nous voici montés à un ton très haut, à cet état d'ivresse qui convient à toute grande passion. L'apothéose de l'art dans sa plénitude et sans réticences a été affirmée par l'école de Schelling et le romantisme allemand de cette époque (Novalis, Jean Paul, F. Schlegel, etc.); et cette affirmation n'est pas morte avec eux ; elle persiste chez leurs épigones contemporains, sous d'autres formes et formules. Issue de l'idéalisme philosophique, elle a quelquefois l'apparence et même la réalité d'une passion métaphysique [1].

Historiquement, cette passion de l'art — aveugle, sans limites et presque intolérante — est d'éclosion récente et on n'en trouve guère d'exemples avant le xixe siècle. Pourquoi? D'abord, parce que l'art est devenu pour beaucoup un substitut de la religion défaillante, la forme préférée d'un idéal qui console de la vulgarité journalière. Ensuite, parce que la tendance de ces « esthètes » est de s'isoler complètement de la vie active et de se

---

1. La théorie de Solger, entre beaucoup d'autres, montre cette affinité. L'art doit parcourir deux stades. Il faut sortir du chaos des réalités particulières, sans quoi on ne produit rien de fécond ni de vivant. A son tour l'idéal devient un danger, il représente un *absolu négatif*, il est pris au sérieux comme l'autre réalité. Il faut qu'il s'empare de l'âme seulement pour l'exalter, il faut que l'artiste soit au-dessus de son œuvre, il l'achève pour la sacrifier à l'idée.

plonger dans le monde de l'imagination pour créer ou
simplement pour jouer comme dilettante. A titre de contraste, qu'on leur compare les grands littérateurs et
artistes de l'Espagne à sa belle époque, presque tous
grands seigneurs, ayant fait vingt campagnes, traversé
des aventures surprenantes pour mourir le plus souvent
sous le froc d'un moine; en sorte que leur vie esthétique
si ample qu'elle soit n'est qu'une partie d'eux-mêmes.

Est-il nécessaire de montrer qu'on ne peut refuser à
la passion esthétique les caractères classiques de toute
grande passion?

L'idée fixe qui s'appelle ici l'idéal, centre d'attraction
unique, organise la vie suivant son type propre, agissant
comme dans l'amour avec des alternances de ferveur et
de sécheresse. Aussi exclusive que toute autre de ce qui
ne convient pas à sa nature ou ne lui fournit pas d'ali-
ments, elle s'enferme dans un cercle magique infranchis-
sable. Elle ne voit les hommes et les choses que sous
son aspect particulier. Par la logique naturelle de sa
passion, l'esthète admire une « belle catastrophe » , « un
beau crime » : ce que le moraliste ne peut admettre ni
même comprendre, parce que pour lui la *valeur* esthétique
du fait est nulle comparée à sa valeur sociale.

Puis, il y a la durée, la stabilité. Le besoin permanent
et obsédant de vivre dans un monde autre se révèle surtout chez les amateurs et les dilettantes pour les raisons
indiquées plus haut. L'art n'est pas un amusement, un
délassement; cette opinion est un sacrilège. Il est une

nécessité d'être en communion avec l'idéal ; il est la
recherche du plaisir de la possession qui, satisfaite,
recommence, parce que le but poursuivi n'est pas une
abstraction, mais un objet d'amour que ses manifestations
multiples n'épuisent pas [1].

Cependant, le besoin esthétique à la fois exaspéré et
intarissable, c'est-à-dire le besoin de vivre toujours dans
le monde de la création imaginative ; le désir sans cesse
renaissant d'être l'amour vainqueur et de posséder son
idéal, n'épuise pas la psychologie de cette passion. Il y a un
revers : l'orgueil ou la vanité (suivant les caractères) qui
tient à la nature de cette tendance, forme particulière
de la « volonté de puissance ». L'activité esthétique —
on l'a répété à satiété — a sa fin elle-même ; elle réclame
la liberté absolue, « un bon plaisir qui ne souffre aucune
loi au-dessus d'elle », ce qui n'est guère moins que la
toute-puissance. C'est pourquoi les passionnés de l'art
posent comme un postulat indiscutable que l'activité
esthétique est supérieure à toutes les autres. Ce que l'histoire nous apprend sur la folie du pouvoir, l'ivresse de la
puissance. — « J'ai couché dans le lit des rois, disait
Napoléon, et j'y ai gagné une maladie terrible » — peut,
toutes proportions gardées, s'appliquer ici. De là, à
l'égard des autres, le mépris, parce qu'on se juge supé-

1. Comme documents, consulter les articles de Vernon Lee (Miss
Paget), L'Individu devant l'œuvre d'art, dans la *Revue philosophique*,
janvier et février 1905. — Comme exemple de la vie esthétique,
J. Ruskin avec son horreur de l'industrialisme, des chemins de
fer, etc.

rieur, la haine si on se juge simplement mésestimé.

Aussi on sait combien facilement la passion esthétique glisse dans la pathologie. Je n'ai rien à en dire, ayant renoncé à toute ·:!ude morbide dans cet ouvrage et l'ayant ébauché ailleurs (*Psych. des sentiments*, 2ᵉ partie, ch. x, § 5), en faisant remarquer que la pathologie du sentiment esthétique n'existe pas par elle-même; qu'elle n'est que l'expression, entre beaucoup d'autres, d'une prédisposition qui ne peut se développer que chez le petit nombre, chez ceux qui ont la puissance de l'imagination créatrice.

* *

J'omets à dessein la passion de la science, qui n'apporterait aucun élément nouveau dans notre étude. Elle n'est qu'un cas particulier de l'état affectif qui accompagne toute forme d'activité dirigée vers un but comportant des succès et des échecs. Elle ne diffère de la passion du chasseur, de l'explorateur et même du conquérant que par son objet, sa matière, non pas sa nature : c'est la vérité qui est le gibier ou le butin.

Elle se greffe sur un besoin *primordial*, celui de connaître, sans lequel nul animal ne peut subsister, puisque la connaissance de son milieu lui est indispensable pour agir et se défendre; c'est un instrument et une arme. La passion exige en sus une orientation exclusive et stable dans le sens de la recherche.

Par nature, cette passion est plutôt statique; mais elle

prend la forme dynamique chez les batailleurs, résolus à démolir les erreurs traditionnelles, les préjugés accrédités par les religions dominantes ou par l'enseignement officiel.

Elle ne comporte pas d'autres éléments *à l'état pur*. J'ai fait remarquer qu'il n'est pas facile de citer beaucoup de cas de ce genre, parce qu'elle est souvent alimentée et soutenue par des mobiles étrangers; désir du succès, de l'influence, de la richesse, de la renommée; bref l'ambition sous ses multiples aspects. Ayant déjà traité ce sujet en détail (*Psych. des sentiments,* 2ᵉ partie, ch. xi) le lecteur me pardonnera d'éviter des redites.

II

Le sentiment religieux — état affectif composé, comme on le sait — a ses degrés et atteint son point culminant dans la *passion religieuse* qui a quatre formes principales : *contemplative* et à caractère individuel, elle se manifeste par le mysticisme ou par l'ascétisme; *active* et à caractère social, elle agit soit par la persuasion, soit par la force.

I. Le mysticisme a été beaucoup étudié dans sa psychologie, sa physiologie, sa pathologie. Il est si connu dans ses principaux traits qu'il serait contraire à notre plan d'insister; je me borne à marquer sa place. On s'accorde généralement à admettre son équivalence avec l'amour

humain; les moments d'extase correspondraient à la possession. On l'a comparé surtout à l'amour platonique.
Ces deux formes affectives n'existent pas chez les non-
civilisés, Leuba les regarde « comme une réponse de
l'organisation psycho-physiologique à des besoins nou-
veaux, comme un moyen inventé par lui pour obtenir
ses fins, comme un cas d'adaptation interne ». '

L'ascétisme est intimement lié au mysticisme et
l'accompagne le plus souvent. Il est surtout un moyen
d'entraînement (ἀσκεῖν); mais dans cette fougue d'austé-
rités et de macérations qui, non rarement, confine à la
folie, on rencontre chez quelques ascètes un désir
passionné dont le but est *intellectuel* et qu'on me paraît
avoir méconnu. C'est que l'on n'a étudié l'ascétisme que
d'après les Chrétiens. Or, le christianisme pose en principe que la nature humaine est, dès son origine, viciée
et corrompue, que nous pouvons toutefois y remédier par
un traitement héroïque, par le sacrifice et la souffrance
acceptés volontairement, même recherchés et désirés.
L'ascétisme est un ensemble de procédés thérapeutiques
tendant à la purification morale [1]. La mortification n'est
pas seulement physique, elle ne consiste pas seulement à traiter le corps comme une source de tentations,
de dépravation et d'obstacles à la sainteté; l'esprit lui aussi
doit être rapetissé, humilié, dompté, dépouillé de la plus

---

1. Brenier de Montmorand, Ascétisme et mysticisme, dans la *Revue
philosophique*, mars 1904.

grande masse de ses désirs et de sa volonté. Remarquons
en outre que plusieurs religions admettent que la souffrance humaine est agréable à la Divinité. En somme,
l'ascétisme chrétien est à la fois physique et mental.
Considéré seul, il paraît essentiellement un entraînement
moral vers la possession de Dieu.

Si l'on sort de l'ascétisme chrétien pour en étudier
d'autres, on trouve des faits et des opinions qui au
premier abord nous déconcertent. Tranportons-nous dans
l'Inde, la terre classique du monachisme exalté. Les
livres sains et les grands poèmes nous parlent fréquemment d'ascètes dont les macérations folles font peur aux
Dieux, qui, tremblant d'être détrônés, inventent des
tentations et des stratagèmes pour vaincre ces exaltés.
On y trouve aussi des croyances extraordinaires comme
celle-ci (que l'histoire des religions enregistre sans s'y
arrêter) : le dieu Siva, le créateur et destructeur suprême
du monde, se livrant à des macérations « effrayantes ».
Nos idées occidentales sont déroutées. A quoi bon ces
tortures, puisqu'il n'a ni faute à expier, ni dieu à qui complaire par ses souffrances?

A mon avis, cet ascétisme forcené et sans fin s'explique
par des raisons *intellectuelles*. Il repose sur cette idée
que les sens et tout ce qui vient du corps limitent notre
faculté de *connaître* et que par cet anéantissement physique, on peut atteindre l'état de pensée pure et de vision
béatifique. Les procédés de l'ascète sont un auxiliaire
pour avancer dans la voie de la méditation et s'acheminer

vers la contemplation des *vérités* supérieures. Cette position intellectuelle du mysticisme religieux en Orient me paraît aussi celle des romantiques allemands, mentionnés plus haut, lorsqu'ils prêchaient le suicide philosophique. « L'acte vraiment philosophique, écrit Novalis, c'est le suicide. Seul, cet acte répond à toutes les conditions d'une activité transmondaine. En frappant d'ostracisme la partie essentielle de lui-même, par une concentration énergique de tout son être, l'homme découvre un point de vue nouveau, transcendant, de l'autre côté de la vie. Il sent s'opérer une adaptation nouvelle; des facultés inexplorées de vision et de spéculation se développent en lui. Cet entraînement est le suicide philosophique [1]. »

A la réflexion, on est disposé à admettre que cette forme du sentiment religieux pourrait s'ajouter à la liste des passions intellectuelles. Elle est certainement plus près de l'*amor intellectualis* de Spinoza — qui est contemplation, absorption dans l'infini — que des effusions affectives des mystiques purs, comme sainte Thérèse.

II. La passion religieuse sous sa forme active, sociale, se manifeste de deux manières : l'une plutôt positive, assimilatrice ou conquérante par persuasion; l'autre plutôt négative, conservatrice, agissant par persécution. Dans les deux cas, elle est une combinaison psychologique plus complexe que le mysticisme contemplatif.

1. Voir Spenlé, *Essai sur l'idéalisme romantique en Allemagne*, 1003, p. 83 et suiv.

1° La forme active est la manifestation la plus complexe et la plus vigoureuse du sentiment religieux. Elle se résume dans l'apostolat, le besoin de convertir; aussi vivante et insatiable que l'amour, cette passion n'est arrêtée ni par les obstacles, ni par les dangers, ni par la certitude de la mort : même elle les recherche. Outre l'élément religieux qui lui donne sa marque propre, elle exige : 1° Une tendance altruiste, une sympathie ardente pour les infidèles ou les mécréants qu'il faut instruire et sauver. 2° Un superflu de vie extérieure et un besoin d'expansion conquérante. 3° Chez quelques-uns le désir ardent des voyages, des aventures, de l'inconnu qui fait les explorateurs.

Voici donc une passion très composée. Aussi n'apparaît-elle qu'avec les religions dites universelles (bouddhisme, christianisme, islamisme); ce moment marque l'émancipation du sentiment religieux qui se détache de la nation, se croyant adapté à tous les temps et à tous les lieux.

La passion de l'apostolat est si connue par les biographies qu'il est inutile d'y faire ressortir l'idée fixe, la durée, la stabilité inébranlable, bref, tous les caractères des grands passionnés. Un seul exemple suffira; saint François Xavier, qu'un historien protestant appelle l'Alexandre des missionnaires et qui est tout entier dans sa devise conquérante : « amplius ». Avant de partir, il ne voulut pas même revoir une dernière fois le château paternel; au Mozambique, ignorant la langue, il évangélise par gestes; de Goa où il réforme les mœurs, il se transporte sur la côte de Coromandel dans des régions brûlantes, à peine tolérables même pour les indigènes, et rongé de fièvre il poursuit ses prédications. De là à Malacca, aux Moluques, au Japon où il réussit d'abord, puis fut expulsé; puis en Chine où il meurt à Canton, âgé de 46 ans. Les premières régions du Japon qu'il évangélisa se convertirent rapidement : « il partit, dit un biographe; pour le missionnaire, ce peuple était trop docile aux inspirations de la grâce; il avait besoin de luttes plus animées. »

2° La passion religieuse qui se manifeste par la persécution ne naît que par contre-coup. Dans un corps social, sans mécréants ni dissidents, elle n'existerait pas. Elle est de nature négative. Aussi la combinaison psychologique dont elle résulte est tout autre que dans la forme positive. Outre le sentiment religieux, élément commun aux deux, elle comprend : d'abord une tendance antipathique — non plus sympathique — envers les incroyants; attitude défensive qui est le premier moment : puis une tendance à les traiter en rebelles, attitude offensive qui est le second moment. Elle tend aussi à conquérir, non plus par assimilation, mais par coercition. Il ne semble pas d'ailleurs que la passion religieuse soit plus forte dans un cas que dans l'autre. Sa direction dépend du caractère individuel qui est sympathique et expansif ou autoritaire et borné (ex. : Calvin) et du milieu où la passion se développe. Au moyen âge, la passion religieuse qui divisait

Espagnols et Arabes était en même temps une lutte
nationale; les guerres de religion sont toujours doublées
de haines politiques.

Ainsi l'analyse psychologique de ces quatre formes
montre que la passion religieuse prend des aspects très
dissemblables suivant l'adjonction ou la disjonction d'éléments secondaires, — l'élément principal restant le même
— intériorité pure, rayonnement au dehors, extension
illimitée par sympathie, tyrannie aveugle et cruauté,
jugées légitimes et nécessaires.

Une remarque finale. Plus d'un lecteur peut se dire :
la passion religieuse est-elle autre chose qu'une foi
ardente? Assurément non : mais ici nous ne voyons cette
foi que par son côté affectif. Il y a dans toute croyance
deux éléments : sa matière qui est acceptée comme une
connaissance sans objectivité démontrable; puis l'attitude subjective de l'esprit, l'adhésion; l'affirmation qui
est au fond une préférence, un choix ou une attraction.
Cette tendance attractive a tous les degrés : la passion
religieuse est une affirmation que rien ne peut ébranler :
la force de la passion donne la mesure de celle de la
croyance. « La foi, dit justement Leuba, est une centra-
lisation de l'activité psychophysiologique et elle s'oppose
comme telle à la durée dans la conscience des idées et
des sentiments qui ne la favorisent pas. » N'est-ce pas
le caractère de toute passion?

III

La *passion politique* a son origine dans une tendance très s⁻ple, puisqu'elle se rencontre même chez beaucoup d'animaux : l'instinct social ou la tendance à vivre en groupe. C'est la passion de l'homme, en tant qu'il est par nature un πολιτικον ζωον. Mais cette tendance sociale, émergeant de sa simplicité primitive, doit subir bien des additions et transformations avant de devenir la passion politique, état complexe ayant ses caractères propres qui la distinguent de deux passions qui se confondent souvent avec elle : l'une personnelle, l'ambition, l'autre collective, le patriotisme, forme sociale de l'instinct de la conservation.

Je n'ai pas à suivre le développement de l'instinct social depuis le moment où il est confiné dans un petit groupe tel que le clan où tous se connaissent et sont en contact, jusqu'aux formes compréhensives qui existent dans les grandes civilisations et les grands États où la solidarité est représentée, pensée, non perçue. La passion politique est d'apparition tardive dans l'histoire de l'individu et dans celle de l'humanité. Prenons-la toute constituée pour en rechercher d'abord les éléments, ensuite les formes.

Au préalable, il est bon de remarquer que nous éliminons délibérément — comme nous l'avons toujours fait jusqu'ici — les émotifs-impulsifs, distincts de la catégorie des passionnés. Les premiers sont des excités, des agités, ayant les caractères propres à leur espèce. Ils sont nombreux ; l'influence attractive de la politique sur ces prédisposés est si évidente qu'il serait oiseux d'insister. Quel milieu plus favorable à l'éclosion et au développement des entraînements instinctifs et des impulsions irrésistibles ? Le gouvernement d'un peuple, à certains moments de son histoire, est aux mains de demi-fous. D'ailleurs, il faut reconnaître que, dans la pratique, il n'est pas toujours facile de faire le départ entre les agités et les passionnés, surtout dans les entraînements collectifs. Ainsi l'enthousiasme, si brillamment décrit par Michelet et Carlyle, des Français avant la fête de la Fédération, où tous, jeunes et vieux, humbles et grands, travaillaient jour et nuit aux préparatifs, fut-il un mouvement de grande passion ? n'était-il pas plutôt une épidémie d'émotions et d'impulsions ?

Quoiqu'il en soit, les passionnés, les fanatiques au sens propre ne manquent pas et l'histoire fournit des exemples assez nombreux et assez nets pour qu'on puisse distinguer deux types principaux : les réalistes, les idéalistes.

1° Le type réaliste est de beaucoup le plus fréquent. Voyons les éléments qui constituent sa psychologie. Seul, l'instinct social ne suffirait pas à engendrer la passion politique. Il n'est qu'une matière première qui doit être doublée d'une autre tendance — la volonté de puissance qui dans le cas actuel est le désir ardent de gouverner pour conserver ou innover, pour défendre un idéal ou pour l'imposer. En fait, chez les réalistes, la passion politique et l'ambition personnelle se confondent, bien qu'ils soutiennent et quelquefois pensent sincèrement qu'en poursuivant l'accroissement de leur puissance, ils travaillent surtout pour le bien général. La grande passion politique entraîne l'ambitieux vers un but *impersonnel* coïncidant avec le but personnel (ex : Cromwell, Robespierre, etc.). Le fanatisme ainsi constitué peut exister dans un seul individu ou dans un parti, sans changer de caractère. — Ajoutons une haine implacable contre les adversaires, identique en nature à celle du fanatisme religieux, ci-dessus décrite. — J'omets quelques facteurs moindres : l'orgueil ou la vanité (plus fréquente chez les impulsifs.) — Tout cela forme un faisceau d'éléments solides, vigoureux dans l'action, et il est inutile d'y relever les marques de la grande passion : idée fixe obsédante, ténacité invisible, énergie.

2° La croyance aveugle, résistant à tous les assauts, qui est le fond du fanatisme politique comme du fanatisme religieux, est commune aux deux formes ; mais chez les idéalistes, elle se montre à nu et confine au mysticisme.

Parmi les éléments de la passion réaliste, nous venons d'énumérer la haine contre les dissidents, le sentiment de la solidarité sociale, l'affirmation de la volonté de puissance sous la forme d'un idéal à réaliser, l'ambition, l'orgueil, ajoutons l'hypocrisie et la ruse. Simplifions cette combinaison psychologique, réduisons-la à ses deux

premiers facteurs et nous avons la forme idéaliste.
Dépouillée des desseins égoïstes, elle tend à devenir
impersonnelle et le passionné s'apparaît à lui-même
comme l'instrument d'une puissance supérieure à qui il
s'offre en sacrifice. Le fanatique idéaliste qui souvent
vit comme un ascète est prêt à tout pour le dévouement
absolu à la cause, pour le triomphe de son idéal. A ce
degré, la passion ressemble à un impératif, elle n'est pas
seulement une force irrésistible de la nature, mais aussi
un commandement ; elle prend un aspect moral et religieux. Nous avons vu que, dans l'amour, l'instinct sexuel
et les affections tendres sont si fréquemment unies
que l'opinion vulgaire les tient pour inséparables. De
même pour la passion politique et l'ambition personnelle
qui semblent aussi toujours associées : le type idéaliste
montre leur indépendance par une dissociation.

Finalement, dans les deux types, même implacabilité.
L'idéaliste tue parce que, ayant la vérité absolue, il a le
droit de l'imposer et la mort lui paraît une pénalité
commandée par la justice. Le réaliste tue parce qu'il lui
faut le pouvoir et que le plus sûr moyen de vaincre ses
adversaires, c'est de les supprimer. « Nous ferons de la
France un cimetière, disait Carrier, plutôt que de ne pas
la régénérer. »

Après les éléments constitutifs de la passion politique,
notons ses principaux caractères spécifiques.

Le premier, c'est qu'elle est nécessairement collective ;
elle ne s'entretient que par la communion avec d'autres

possédés ; elle ne peut vivre isolée comme l'amour, l'avarice, l'ambition pure, etc. ; elle est propagandiste par
nature. Dans la plupart des sociétés, tous les citoyens, par
instinct ou par réflexion, se soucient des événements politiques et sociaux, croyant avoir quelque intérêt direct
ou indirect avec les variations ou le changement des institutions. Seul celui qui est convaincu qu'il n'a rien à
gagner ou à perdre, reste indifférent, comme chez quelques peuples de l'Orient. Cette passion, qui tire du dehors
une bonne partie de sa force, s'alimente donc facilement.

Un autre caractère plus spécial, c'est qu'elle suit un
mouvement accéléré, va toujours en augmentant jusqu'au
moment où elle meurt de son propre excès : ce qui est
une sorte de suicide. Ce point a été souvent noté. Les
initiateurs sont absorbés et supprimés par ceux qui leur
succèdent. « La vie de l'homme, dit Macaulay, court avec
une extrême rapidité dans les temps de révolution. On
acquiert en quelques heures l'expérience d'un grand
nombre d'années. Les habitudes invétérées sont brisées
visiblement et les nouveautés qui à première vue inspi-
raient crainte et répugnance deviennent rapidement
familières et attrayantes. » Il y a des hommes qui ont la
fièvre pendant vingt-quatre heures ; moi je l'ai eue pendant dix ans, disait le conventionnel Baudot.

Les révolutions étant des évolutions à marche extrê-
mement rapide, ce mouvement accéléré serait, d'après
Lombroso, un cas de la loi d'inertie[1], dont l'expression

1. Lombroso et Laschi, *Le Crime politique*, t. I, p. 178 et suiv. (F. Alcan).

dans le monde psychique et social est le « misonéisme »
dans la religion, la morale et les mœurs, les sciences, les
lettres, les arts, la mode, la politique. Or, toute révolution est nécessairement le contraire, c'est-à-dire « phi-
lonéisme », amour de l'innovation. Cette explication
générale me paraît peu claire. Ne serait-ce pas plutôt
l'analogue de ce qui se passe dans les passions à conquête
(ambition, jeu, avarice, etc.) où le profit paraissant susceptible d'un accroissement indéfini, chaque conquête
en appelle une autre? L'idéal de la première heure reste
au fond le même, mais à chaque nouvelle étape, il apparaît fascinant, croissant en perfection, sollicitant de nou-
veaux efforts ; il tend de plus en plus vers son absolu :
cas de psychologie bien connu où l'imaginatif objective
incessamment son propre rêve. Puis, chez le fanatique,
l'état de fièvre perpétuellement entretenu par son milieu,
en suite d'actions et de réactions réciproques, le maintient
en un état de haute tension pour lequel il n'y a plus
d'obstacles ni de limites entre le possible et l'impossible [1].

*
* *

L'instinct social est aussi l'origine d'un sentiment
complexe transformable en une grande passion qui

---

1. L'analogie du fanatisme politique et du fanatisme religieux est de
toute évidence. Exemples : sous la forme froide, Calvin et Robespierre :
même pureté de mœurs, même vie austère, tous deux voulant pétrir
l'esprit humain à leur manière et fonder un monde. Sous la forme
fougueuse : Cromwell « sectaire et révolutionnaire, également prompt et
ardent à prier et à combattre, mystique et pratique, d'une imagination
illimitée ». Deux ou trois fois par semaine, il était pris par l'inspiration
et se mettait à prêcher dans sa maison.

entraîne au dévouement absolu, à la mort : c'est le *patriotisme*. Quelques remarques suffiront.

L'histoire constate que l'idée de patrie et par suite le patriotisme n'apparaît qu'au terme d'une évolution politique et sociale qui est assez longue; certains peuples ne l'atteignent pas. Mais cette passion a ses antécédents. La tribu sauvage, la petite cité grecque (πόλις), la commune italienne du moyen âge n'ont vécu que parce que leurs membres avaient un sentiment de solidarité, un désir de conservation et d'extension. Or, n'est-ce pas le fond même de l'amour de patrie? Sans doute, au-dessus de ces formes politiques, restreintes et fermées, est la nation, organisme beaucoup plus complexe, puisqu'il englobe et dépasse les différences de races, de religions, de langues, de mœurs, de culture. La conscience de la vie nationale se résume en l'idée de patrie qui donne au sentiment de solidarité sociale la cohésion et la clarté — idée abstraite qui est née de la condensation d'états et de rapports multiples et, comme telle, n'est accessible qu'à un certain développement de l'intelligence. Ce degré de compréhension atteint, la loi du transfert (que nous avons étudiée ailleurs[1]), qui est pour les sentiments le grand agent de passage du particulier à l'universel, a permis l'extension de la sympathie individuelle à des groupes de plus en plus distants. Mais il n'est pas exagéré de soutenir que à travers les formes embryonnaires, frustes, incomplètes

----

1. *Psychologie des sentiments*, 1ʳᵉ partie, ch. xn.

des premiers âges, il y a eu une marche ascendante vers le patriotisme, de ses manifestations les plus modestes aux élans de passion les plus fougueuses, — sans solution de continuité.

Le patriotisme est, dans sa composition psychologique, plus simple que la passion politique, n'ayant à proprement parler qu'un seul élément. Les deux passions sont non seulement différentes en nature, mais quelquefois contraires : il n'est pas rare que les partis politiques soient en état d'alliance ou de connivence avec les ennemis du pays. Le sentiment national tend à la fois à l'unité et à l'expansion; il est pour le corps social ce que l'instinct de la conservation est pour l'individu.

Il est toujours nécessairement collectif, étant un consensus d'aspirations sympathiques, un acte implicite, mais réel et continu d'assentiment et de solidarité. Ce n'est pas assez dire. Il a un caractère *grégaire*. J'emploie ce terme à défaut d'autres pour signifier que le passionné pour sa patrie est en participation perpétuelle de sentiment avec ses compatriotes et que la conscience nationale est tout entière en chacun. Le patriotisme pur est exempt de toute ambition personnelle.

*
* *

Le lecteur a pu remarquer que la plupart des passions étudiées dans ce chapitre, si différentes qu'elles soient quant à leur nature et leur idéal, se ressemblent quant à leur développement psychologique. Ainsi, le fanatisme religieux et le fanatisme politique paraissent jetés dans le même moule; la matière seule est autre. Il convient donc d'être bref sur la *passion morale* à qui s'appliquent les mêmes remarques.

Le sentiment moral d'où elle tire son origine est, chez la majorité des hommes, une disposition affective, d'intensité moyenne, suffisante à la vie quotidienne, analogue à celle du sentiment religieux, à l'amour de la patrie, au besoin esthétique. Cependant, on sait que l'amour du bien (de quelque manière qu'on le conçoive) peut se transformer en une passion.

Elle se manifeste sous deux formes : par l'apostolat de la parole, par les actes.

1° Il est clair que les traités de morale théorique sont totalement étrangers à notre sujet. Qu'ils soient transcendants ou extraits de l'expérience, qu'ils ordonnent ou qu'ils conseillent, qu'ils adoptent telle ou telle autre formule régulatrice, ce sont des œuvres intellectuelles, rien de plus, aussi incapables d'engendrer une passion « qu'une idée pure de soulever un brin de paille ». Ces savantes spéculations seront sans efficacité sur l'activité humaine, si elles ne se transforment en une *religion* spéciale. Ceci est à prendre au sens strict. Sauf à l'origine des temps, la religion et la morale sont si étroitement liées que, même de nos jours, l'éthique, qui cherche à s'émanciper, devient une religion laïque. Aussi, on ne peut guère trouver des exemples connus de la

passion morale sous forme d'apostolat que dans l'histoire
des religions : le christianisme, le bouddhisme; — ce
dernier surtout, parce que, sans zèle pour la dogmatique
et la métaphysique, tenant la recherche des causes
premières pour inutile, il est tout entier dans la pour-
suite de la libération par les œuvres. Dans ce milieu
moral, il s'est rencontré des hommes qui, dévorés de
l'amour du bien, ont eu un besoin insatiable de répandre
leur surplus sur les autres, d'opérer leur conversion
radicale, de les mettre, eux aussi, au service du bien. —
Il est clair que, sous cette forme, la passion morale est
renforcée par la passion de la conquête; elle est, *mutatis
mutandis*, la répétition exacte de l'apostolat religieux,
ce qui nous dispense d'insister.

2° La manifestation par les actes est la forme la plus
simple, la plus pure de la passion morale : nulle adjonc-
tion d'éléments étrangers. Elle n'est pas née du raisonnement, de la réflexion, d'une théorie abstraite; elle sort
d'un instinct, d'une disposition innée du caractère, ce qui
la fait si forte en face des œuvres débiles et fragiles de
l'intellectualisme; elle est toute dans l'action et elle agit
naturellement. Tels sont les grands bienfaiteurs de
l'humanité dont tout le monde sait les noms. A côté d'eux
bien d'autres, — fondateurs d'institutions multiples
contre la misère, le vice, les maladies, — qui n'ont eu
qu'une renommée locale, modeste, moins encore; mais
qui n'en sont pas moins de grands passionnés dont la
vie tout entière a été sacrifiée à un but unique.

IV

Notre esquisse généalogique serait incomplète, si elle omettait certains états passionnels, assez rares, bizarres par leur nature, que l'on désigne sous le nom de petites passions. Cette dénomination est ambiguë; car on pourrait croire qu'elles sont modérées en intensité ou en durée : ce qui n'est pas. Elles sont petites par leur matière, leur objet; sans portée, très limitées, sans effets en dehors de l'individu, peu contagieuses. Mais elles ont tous les caractères des grandes passions, la fixité, la violence; elles peuvent causer la maladie, la ruine, le désespoir, le vol, le crime. Ce qui les classe à part, c'est la disproportion entre l'objet de la passion et sa violence. La majorité des hommes la juge excessive, parce qu'elle ne ressent ces dispositions qu'en passant, à titre de fantaisies ou de caprices.

Cependant ces *formes aberrantes* de la vie passionnelle nous posent un problème psychologique embarrassant quant à leur nature et surtout quant à leur origine.

1° Une longue énumération de ces petites passions est inutile et d'ailleurs serait toujours incomplète, puisque les changements de la civilisation ou simplement de la mode augmentent ou diminuent leur liste. Tout le monde les connaît : bibliomanes, collectionneurs de gravures, de médailles, d'insectes, de timbres-poste, fanatiques de tulipes ou de tout autre espèce de fleurs, etc. Chez tous, on note d'abord une tendance commune : collectionner pour conserver avec un égoïsme jaloux. Par suite, quand on cherche à pénétrer dans la constitution psychologique de ces types aberrants, on est orienté d'emblée dans une direction précise.

Il y a les faibles d'esprit qui, chez eux ou dans les asiles, recueillent tout ce qu'ils trouvent, entassent dans leurs poches ou leurs armoires des objets de toute sorte; mais l'automatisme de ces déments ne peut rien nous apprendre. Il y a les collectionneurs raisonnables, mais mesquins, prosaïques, ridicules; ils sont très loin des passionnés qui, eux, sont d'une haute envergure. Enfin, il y a les avares, dont nos passionnés sont une variété évidente, mais avec de notables différences.

La première est celle-ci : L'idéal de l'avare est la possession et l'accroissement ininterrompu de valeurs admises par tout le monde. L'idéal du collectionneur est la possession et l'accroissement de valeurs qui ne sont telles que pour lui et ses congénères.

La seconde différence est plus incisive. La passion de l'avare ne s'exerce jamais que sur une matière positive : terres, maisons, argent, etc.; une œuvre d'art ne vaut pour lui que par sa valeur vénale. La passion du collectionneur se développe sur une matière superflue, *de luxe*, et, par ce fait, elle a un fond *esthétique*. On peut alléguer comme preuves non pas seulement son caractère général d'inutilité, mais ce fait qu'elle tend toujours vers des objets d'art ou de science, recherchés et aimés en eux-

mêmes et pour eux-mêmes. Dès l'antiquité, Pline, dans
son *Histoire naturelle*, avait noté « cette passion bizarre
et maladive qui a presque l'emportement de l'amour ».
A cette époque de civilisation raffinée, on s'éprenait d'un
vase, d'une bague. Le célèbre Hortensius était si
passionné pour un Sphinx en airain de Corinthe qu'il ne
s'en séparait jamais. Notre auteur parle d'un consulaire
tellement amoureux d'une coupe taillée dans une pierre
précieuse, qu'il en avait usé les bords à force de la baiser :
ob amorem abroso ejus margine. Il se trompe si peu
sur la nature de cette passion, qu'en racontant d'autres
faits que j'omets, il emploie les termes adaptés à l'amour :
(*dilexit, adamavit, amore captus est, libidine accensus,* etc.).

Comme toute autre, la passion du collectionneur a ses
degrés : mais comme on est enclin à ne la voir que par
ses petits côtés pour en rire, à la juger comme fait intellectuel, non comme état affectif, il convient d'en rappeler
les effets; ils donnent la mesure de sa force. Je n'ai pas
l'intention de déverser des anecdotes éparses un peu
partout, mais de fixer l'opinion par quelques exemples.

Des érudits célèbres comme Budé, Turnèbe, J. Sca-
liger, disaient : Voulez-vous connaître un des grands
malheurs de la vie? Vendez vos livres. Plus d'un a pleuré
en pensant aux collections qu'il possédait autrefois; on a
même parlé de cas de suicide. Pétrarque, Berlin, le
bibliophile Brunet ont voulu mourir dans leur bibliothèque et l'on connaît les adieux de Mazarin à ses tableaux
qu'il semblait regretter presque autant que le pouvoir —.

Descuret a observé dans sa pratique plusieurs faits de ce genre. « Le colonel M..., connu de tout Paris pour sa passion des médailles, fut pris de pneumonie et était dans un état comateux depuis plusieurs heures. Je répétai devant lui à plusieurs fois et très haut qu'il y aurait prochainement une vente de médailles magnifiques. Le colonel articule vaguement le mot médaille, puis recouvre peu à peu la conscience et guérit. » Quelques années plus tard, on lui vola un tiroir entier de ses médailles. Descuret le trouva pâle, défait, hors de lui-même. « Une seule consolation me reste, dit-il ; les imbéciles n'ont pris que les médailles en or ; un pouce plus bas, c'était les grands bronzes, les rares. Je n'aurais pas survécu à leur perte [1]. »

Les petites passions ne sont pas funestes au seul passionné ; souvent leurs effets atteignent les autres par indélicatesse, vol, peut-être même par le crime [2].

2° Quelle est l'origine de ces formes aberrantes et quelles sont les conditions de leur genèse ? Il est plus difficile de résoudre cette question que celle de leur constitution psychologique. On ne peut risquer que des hypothèses.

---

1. *Ouv. cité*, p. 232. On y trouvera beaucoup d'autres faits de ce genre : entre autres un bibliomane qui ruinait sa famille et promit de renoncer à sa passion. Il fut pris d'une fièvre consomptive qui obligea sa femme à lui concéder quelques achats.

2. D'après Pline (*loc. cit.*), des proscriptions auraient eu pour unique cause la passion pour des vases de Corinthe. Antoine condamna à l'exil le sénateur Nonnius qui refusait de lui abandonner une opale enchâssée dans une bague. Au lieu de céder, Nonnius s'enfuit, ne conservant que l'opale désirée, « tant était féroce la passion de l'un et tenace la résistance de l'autre. »

Nous avons vu que l'origine première est l'amour de la possession; mais il subit une déviation spéciale qui dérive du caractère individuel et des conditions extérieures.

D'abord, il est clair que ces passions exigent un degré de culture supérieure à la moyenne, qu'elles sont impossibles dans un milieu non civilisé. Un illettré n'est pas bibliomane, un insoucieux d'histoire ou de peinture no collectionne pas des médailles ou des tableaux, ni un ignorant en entomologie des insectes.

Ces passions ne sont pas, comme on l'a dit, des variations spontanées — ce qui n'explique rien — ni des prédispositions, étant à l'ordinaire d'apparition tardive. Elles sont des *déviations*. Une passion peut dévier de sa forme naturelle, typique : l'amour quand il devient platonique ; l'avarice est une forme avortée de la volonté de puissance, puisqu'elle accumule de la puissance, pour ne pas la dépenser. Chez les collectionneurs passionnés, la tendance à posséder et accumuler qui, sous sa forme typique, est utilitaire, dévie vers le luxe et l'inutilité par l'adjonction d'un second facteur, esthétique ou scientifique et, de ce fait, est transformée.

Ces déviations dépendent donc des circonstances et, avant tout, des dispositions personnelles. Les petites passions sont des substituts, des *dérivatifs*. Elles préservent de l'avarice proprement dite, de l'amour sénile, du jeu, de la boisson.

En résumé, elles sont faites de la combinaison de deux

tendances principales : l'une réaliste, utilitaire, le désir
de la possession; l'autre idéaliste, superflue, le désir de
ce qui est rare, difficile à rassembler; elles confinent à la
passion esthétique ou scientifique. Toute passion suppose
quelque travail de l'imagination créatrice. L'avarice,
nous l'avons vu, est, après les passions nutritives, celle
qui en exige le moins. Dans les petites passions, au contraire, le jeu de la fantaisie donne l'illusion d'une valeur
inestimable à des objets indifférents pour la majorité des
hommes.

V

Jusqu'ici nous n'avons recherché l'origine des passions
que dans les besoins, instincts, tendances. Nous avons
fait remarquer (chap. I) que ces formes de l'activité
humaine ne sont pas *toutes* aptes à se transformer en
passions, mais nous avons admis implicitement que
seules elles en sont la source. Une question finale se pose :
Y a-t-il une autre source? *Les émotions peuvent-elles devenir*
des passions, au moins sous forme fruste?

Pour la clarté, en raison de la terminologie vague de la
psychologie affective, je ne crains pas de rappeler la distinction précédemment établie entre les affections
simples, les émotions, les passions.

Que chacun de nous se représente les jours ordinaires
de sa vie qui se passent sans accidents ni incidents
notables. Chacun de ses actes; —travail, affaires, récréa-

tions, repas, promenades, rapports familiaux, rencontre
de gens divers, etc. — est accompagné d'un coefficient
affectif assez faible. Nous ne dépassons pas le niveau des
affections moyennes; elles sont agréables, pénibles ou
mixtes, suivant que nos besoins, tendances et inclinations sont ou non satisfaits; c'est l'assise dernière sur
laquelle repose toute notre vie affective. Nous ne sen-
tons que dans la mesure nécessaire pour que notre personnalité imprime sa marque sur ce qui nous entoure,
gens et choses [1].

Mais qu'il survienne un événement imprévu qui
excite la colère, la peur, le chagrin, la joie, l'orgueil, etc.;
c'est l'entrée en scène de l'émotion. La plupart débutent
par un choc brusque, suivi de manifestations physiologiques et psychologiques propres à chaque espèce. Nous
n'avons pas à décrire ici ces formes de la vie affective.
Ce travail a été fait dans les traités généraux (Lange,
James, Mantegazza) ou dans des monographies (*La peur*,
par Mosso; *La colère*, par Stanley Hall; *La tristesse et la
joie*, par G. Dumas, etc.). L'émotion est un état complexe,
synthétique; une réaction déterminée, spécifique, adaptée
à une excitation déterminée et à elle seule. D'ailleurs,
comme tout autre état affectif, elle repose sur quelque
tendance primitive. En effet, supprimez en l'homme

---

1. Dans certains états morbides, cette sensibilité générale ayant disparu, nous ne prenons plus possession du monde qui nous entoure.
Perçu, imaginé ou pensé, il se déroule devant nous comme un ensemble
de phénomènes simplement *connus*, indifférents, étrangers, détachés de
nous.

toute tendance à attaquer : pas de colère; — toute tendance à se conserver par rapetissement de soi-même : pas de peur; — toute tendance à s'étendre par une fusion sympathique avec les autres : pas d'émotion tendre; — toute tendance à s'étendre par exaltation de son moi : pas d'orgueil, et ainsi de suite.

Ceci rappelé quant à la nature et au rôle des émotions, revenons à notre question. Une passion peut-elle naître d'une émotion *directement et immédiatement?* La première réflexion n'incline guère vers l'affirmative, à cause du caractère antithétique de ces deux états, notamment l'instabilité de l'émotion et la stabilité de la passion. Toutefois, ceci est une question de fait qui ne peut être résolue que par les données de l'expérience. Comme il n'existe pas des émotions en général, le seul procédé à suivre est d'examiner l'une après l'autre les émotions primitives et de voir si quelques-unes se transforment ou non en passions : car, il se pourrait que l'aptitude à passer de l'état aigu à l'état chronique fût, par un effet de leur nature, possible pour les unes, impossible pour les autres.

Je commence par la plus orageuse, la *colère.* Le tempérament irascible est évidemment le moins favorable à la genèse d'une passion : voyons s'il aboutit. « J'ai connu (écrit le naturaliste Virey) des hommes chez qui l'irascibilité était devenue un besoin. Ils cherchaient querelle à tout le monde, principalement à leurs amis, car ils exigeaient plus d'attentions de leur part que de tout autre. Ils étaient très désappointés lorsqu'on refusait de contester avec eux; et leurs domestiques n'ignoraient pas qu'ils seraient brusqués davantage, s'ils ne prêtaient pas un léger élément pour faire dégorger la mauvaise humeur habituelle de leurs maîtres. » Faisant allusion à des cas de ce genre, Bain (*Émotions*, ch. IX, 613) soutient la thèse étrange qui suit, en rapport direct avec notre question. Après avoir posé la colère comme émotion type, il énumère sous le nom d'espèces de la colère (*species of Anger*) : la haine, la vengeance, l'antipathie, l'hostilité, la malveillance. En ce qui concerne la haine, il dit : « C'est une affection permanente fondée sur la colère.... La répétition d'occasions d'entrer en colère finit par aboutir à une attitude peu bienveillante qui dispose à agir en vue de la vengeance. Pour arriver à vraiment haïr, il suffit d'avoir un caractère irascible et d'être exposé à de fréquentes offenses ». Explication inacceptable, en contradiction avec l'expérience qui nous montre tous les jours que les irascibles sont rarement haineux et ne peuvent guère l'être, parce que l'accès de colère est explosion, décharge et que la haine au contraire est arrêt, accumulation, comme nous l'avons vu plus haut (ch. II). Il est probable qu'un psychologue tel que Bain ne se serait pas fourvoyé aussi lourdement, s'il n'avait méconnu la distinction de nature entre l'émotion et la passion.

La *peur* se présente sous trois formes; l'accès émotionnel (terreur, épouvante) qui est sans durée; — la panophobie, peur généralisée et sans cause assignable, état

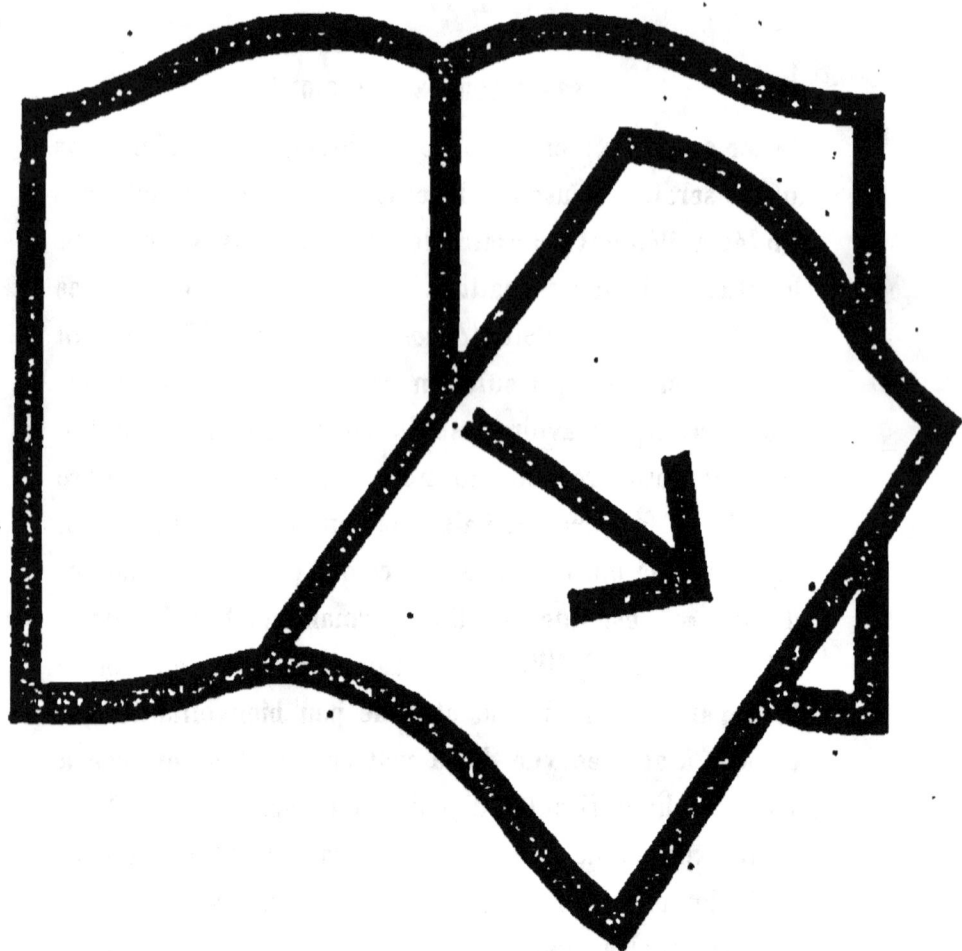

Documents manquants (pages, cahiers...)
NF Z 43-120-13

DE LA PAGE 131
À LA PAGE 134

sition générale permanente, traversée de brusques poussées émotionnelles, me paraît en rapport intime avec la *passion de l'honneur* que nous n'avons pas encore mentionnée jusqu'ici. Cette passion n'est pas universelle ; elle ne se manifeste ni chez tous les hommes ni dans tous les temps ni dans tous les lieux ; et sa monographie qui reste à faire exigerait le concours de la psychologie et de l'histoire.

Psychologiquement, elle a pour base un sentiment exagéré de notre valeur personnelle (orgueil) ou un besoin exagéré de l'estime des autres, un désir excessif des louanges (vanité) ; souvent les deux en proportions variables. A son plus haut degré, la foi en l'honneur personnel à sauvegarder prend ce caractère impératif que nous avons signalé en d'autres passions. Comme l'amour de Dieu ou du devoir, il impose de grands sacrifices. C'est une passion à issue tragique : exil volontaire, suicide, mort par chagrin du déshonneur.

Historiquement, ce sentiment, nullement étranger quoi qu'on en ait dit aux peuples anciens, a atteint son apogée au moyen âge et à la Renaissance, dans les civilisations chrétienne et musulmane. L'influence des femmes a été grande sur son développement dans le sens de la vanité plutôt que de l'orgueil. Je n'ai pas à traiter ce sujet, mais il serait facile de montrer que la passion de l'honneur a manqué à des individus et à des peuples qui n'étaient dépourvus ni d'orgueil ni de courage.

En résumé, la question posée ne comporte pas une

seule réponse. Certaines émotions sont irréductibles à toute transformation passionnelle. D'autres, avec le temps, peuvent se métamorphoser en un état analogue à la passion. D'autres engendrent des états mixtes, hybrides, formes de passage entre l'émotion pure et la passion. Dans la plupart des cas, les émotions, par l'effet de leur nature et de la répétition, deviennent des *dispositions* à réagir dans un sens spécial et exclusif; c'est l'équivalent d'un caractère partiel.

Nous ne prolongerons pas cette étude que nous croyons un peu factice, mais qu'il fallait tenter. Par suite de l'abus extraordinaire du mot « émotion » qu'on applique à tout indistinctement, à des affections à peine conscientes comme à des réactions violentes, quelques auteurs ont soutenu, sans préciser, que l'émotion engendre la passion. En fait, *il n'y a que les tendances qui l'engendrent.* L'émotion-choc peut être un préambule, un essai, un avant-coureur, une étape, mais ne devient pas plus passion, au sens strict, que des crises aiguës ne deviennent une maladie chronique : la chronicité naît de causes plus profondes et plus anciennes dont les crises étaient la première révélation. Même dans les cas où l'émotion paraît devenir une passion, elle subit tant de métamorphoses, qu'elle n'est, à vrai dire, qu'un point de départ, une date historique, un coup de foudre, une origine plus apparente que réelle.

*
* *

On a pu tenter une classification des tendances ;
aucune n'est possible pour les passions. On objectera
peut-être que l'antiquité, les cartésiens, les phrénologistes
au xix⁰ siècle sont entrés avec confiance dans cette voie ;
mais sous ce titre, on a classé (les disciples de Gall surtout) des états affectifs quelconques, non les passions au
sens limité et précis.

D'ailleurs, comment les classer? D'après leur objet?
Alors elles seront sans nombre. Il en naît chaque jour,
au gré des inventions et de la mode, greffées, il est vrai,
sur une vieille tige ; d'autres disparaissent et deviennent
des raretés.

On a allégué la possibilité des classifications en pathologie. Les deux cas ne sont pas comparables, parce que
la maladie a pour substratum un organe ou au moins
une fonction, ce qui fournit une base fixe.

Aussi, dans l'exposé généalogique qui précède, je me
suis contenté de la division en *dynamiques* et *statiques*
d'après la constitution motrice de chaque passion et ses
modalités : les premières, expansives et proches de l'impulsion ; les secondes, concentrées, agissant surtout par
inhibition. Toutefois cette division elle-même est superficielle et exprime une différence de *forme* plus que de
nature intime : car, en prenant toutes les passions
ci-dessus énumérées, il est impossible de les répartir
rigoureusement dans l'une ou l'autre des deux classes.

Suivant le tempérament, le caractère ou seulement les
circonstances, elles passent du type statique au type
dynamique ou inversement : l'ambition froide et pape-
rassière de Philippe II n'est pas celle de son arrière-
grand-père, Charles le Téméraire; et la passion politique
de notre Louis XI ne ressemble pas (dans la forme) à
celle de Napoléon. Cette remarque, applicable à presque
toutes les passions, est inutile pour ceux qui n'oublient
pas que, malgré les formules générales, il n'existe que
des passionnés.

CHAPITRE IV

COMMENT LES PASSIONS FINISSENT

I

Avant de répondre à la question posée par ce titre, il serait naturel d'exposer comment les passions se développent; mais cette tentative risquerait de n'aboutir qu'à une construction schématique et arbitraire. Outre que ce développement varie suivant les individus, il est aussi tout autre suivant la nature de chaque passion : l'ambition n'évolue pas comme l'amour, ni le fanatisme politique comme l'avarice. Le mieux est donc de se borner à mettre en relief, si c'est possible, les caractères généraux de cette évolution, ceux qu'on trouve partout ou dans la grande majorité des cas.

Toute passion paraît se former *par actions lentes*, pareilles à des alluvions géologiques. Suivant l'expression favorite des pathologistes, le début est lent et insidieux. Cette affirmation me paraît imposée par l'observation des faits bien interprétés. Je n'ignore pas que, dans

beaucoup de circonstances, elle semble contredite par
l'expérience ; mais il convient de pénétrer au delà des
apparences et de voir la réalité. Provisoirement, distin-
guons deux cas : ceux où cette affirmation ne peut être
mise en doute, ceux où elle est douteuse. Examinons-
les séparément.

Le plus souvent, la passion est déjà virtuellement
formée avant de se révéler à la conscience. Sans parler
du travail souterrain — inconscient ou subsconscient, —
qui est une hypothèse très probable sinon certaine, il se
produit d'abord dans la conscience des tendances frag-
mentaires, éparses, momentanées, toutes dirigées dans le
même sens, d'attraction ou de répulsion pour une même
personne, une même chose, une même idée. Ce mouvement d'avancements ou de reculs suit la loi de l'excitation nerveuse, il marche comme une avalanche, il fait
boule de neige ou, pour employer le langage scientifique, il agit par sommation. Ce que l'on appelle
l'influence de l'habitude sur la genèse et le maintien
d'une passion — nous l'examinerons plus loin en
détail — n'est pas autre chose. La passion agit comme
l'organisme qui, dans le développement même de sa
nutrition, puise de nouvelles ressources pour se nourrir
encore plus abondamment. Elle s'affirme dans le sens
du désir ou de l'aversion, attirant à elle et s'assimilant
tous les jugements de *valeur* qui favorisent son expansion, avec une exclusion rigoureuse des autres. Son
activité s'accroît en raison de la vitesse acquise. Prenons

comme illustration un exemple moins banal que les passions courantes (amour, jeu, argent, etc.). Il n'est pas rare de rencontrer des gens qui avant toute épreuve se déclarent inaccessibles à tel sentiment déterminé, par exemple l'amour maternel, surtout sous sa forme passionnée. Ceci est un cas d'illusion affective, fait que la psychologie n'a pas encore étudié et qui mériterait de l'être. Les circonstances changent et après une période d'indifférence ou d'indécision, le sentiment dont on se croyait incapable est né; peu à peu il dépasse le niveau moyen, et il devient quelquefois une passion obsédante, aveugle, insupportable à la longue pour celui qui en est l'objet. La disposition affective, en germe, virtuelle, simplement possible, par une transformation lente, inconsciente, inavouée, a fait un passionné. Ce qui favorise ce travail d'élaboration et d'intussusception, c'est que peu à peu la passion nous apparaît comme faisant partie de nous-même, comme notre œuvre. Il y a d'ailleurs un fait positif et précis qui marque le moment où la passion est constituée et qui peut servir de critérium : c'est l'apparition de l'idée maîtresse, dirigeante, reconnue comme telle. Qu'on l'accepte, qu'on résiste ou qu'on essaie de résister, le fait est accompli, la période d'enfantement est terminée. Le plus souvent donc tout se passe à notre insu ou sans conscience suffisante du mouvement qui nous entraîne, en sorte que quand le moment vient où la situation est claire pour le moins clairvoyant, il se produit un étonnement.

Les cas où la passion paraît naître brusquement
exigent un examen plus serré. Tout le monde connaît
le « coup de foudre » en amour, la haine instinctive et
brusque en face d'un inconnu, le vertige qui entraîne
aux jeux de hasard, etc. Cette éruption inattendue qui,
remarquons-le en passant, n'a lieu que pour les passions
dynamiques, semble contredire la thèse des actions
lentes. Mais si on étudie les faits avec plus de précision,
on voit que ce premier moment est l'*émotion* et rien de
plus : c'est la réaction brusque contre un choc, la réponse
presque réflexe d'un mécanisme préétabli, un état de
confusion mentale et de désorganisation intellectuelle
d'où émerge seule une tendance irrésistible vers un but ;
c'est le moment de la conception, non de la naissance
de la passion ; elle est engendrée, mais non mise au
jour. Elle doit traverser une période embryonnaire plus
ou moins courte durant laquelle elle dépouillera les
caractères de l'émotion pour prendre ceux qui lui sont
propres.

On pourrait soutenir sans invraisemblance que, plus
d'une fois, le « coup de foudre » a été précédé d'une
période d'incubation que l'individu ignore, en sorte que
cet éclair dans la nuit n'est qu'une révélation soudaine
d'un travail inconscient, comme cela arrive quelquefois chez les grands inventeurs ou simplement chez
un homme qui découvre sa vocation ; mais il n'est pas
une création *ex nihilo*. Je reconnais que cette hypothèse
n'est pas applicable à tous les cas, et il est d'ailleurs

préférable de ne raisonner que sur des faits clairs et vérifiables pour tout le monde.

Pour qu'à l'émotion, phénomène fugitif, se substitue la passion, état stable, il faut une période plus ou moins longue de métamorphose. Si, au lieu d'emprunter, comme ci-dessus, notre comparaison à l'embryologie, nous la cherchons dans la pathologie, on peut dire : une maladie aiguë ne peut devenir chronique que par des pertes, additions, changements et transformations d'état. En un mot, l'émotion est un organisme préformé; la passion est une construction qui, si rapide qu'elle soit, ne peut se faire en un instant : elle exige la fixité et le temps. Ceci explique pourquoi (ainsi qu'on l'a vu dans un précédent chapitre) les tempéraments impulsifs et explosifs, sujets à des émotions brusques et violentes, ne sont pas propres à devenir des passionnés vrais. Ils sont des feux d'artifices; les autres sont des hauts fourneaux qui brûlent toujours. Tout au plus sont-ils capables de quelques passionnettes, sans durée, qui malgré leur fougue ne sont que des émotions prolongées. Et puis, les passions qui débutent par « le coup de foudre », a-t-on jamais noté le temps qu'elles durent? Assurément entre l'émotion et la passion lentement établie, il y a beaucoup de degrés possibles; mais une passion qui ne se dégage pas assez des éléments turbulents de l'émotion, qui ne subit qu'une transformation incomplète, est vouée à une existence précaire; c'est un enfant qui ne vivra pas. Pour conclure, les cas supposés sans incubation, sans

actions lentes, no sont au plus qu'une gestation abrégée.
Tout est préparé d'avance et l'événement extérieur n'est
que l'étincelle qui enflamme la poudre.

Après ces remarques préliminaires, revenons à la
question posée : Comment les passions finissent? De
plusieurs manières, leur disparition étant due à des
causes très dissemblables. Elles me paraissent cependant
réductibles à quelques formes principales, qui sont les
suivantes ; une passion s'éteint : 1° par épuisement ou
habitude ; 2° par transformation en une autre ; 3° par
substitution ; 4° par la folie ; 5° par la mort.

Dans toutes ces formes, il y a un élément qui peut
servir d'indice solide et sûr des fluctuations de l'état
passionnel et en est comme le thermomètre. Il révèle à
l'observateur le progrès, la régression, le changement,
l'exacerbation aiguë. Cet élément majeur est l'idée fixe.
De plus en plus intermittente, c'est la marche vers
l'extinction ; s'il surgit une idée rivale, c'est la substitution qui commence ; si elle devient l'obsession incessante et inéluctable, que les aliénistes l'étudient, c'est
l'annonce d'une fin par catastrophe. Je n'ai pas besoin de
répéter que l'idée toute seule, à titre de simple état
intellectuel, n'a pas cette vertu révélatrice ; elle doit
toute sa valeur pour le diagnostic et le pronostic à la
tendance qu'elle exprime dans la conscience ; elle est
l'aiguille de l'horloge, non le ressort qui la meut.

Avant d'examiner séparément ces diverses formes, la

seule conclusion générale qu'on puisse en extraire et
que je signale par avance, est celle-ci : *La probabilité
d'extinction d'une passion est en raison directe de la
quantité d'éléments émotionnels et en raison inverse de la
quantité d'éléments intellectuels qu'elle contient à l'état
systématisé.* Toutes choses égales, les passions statiques,
qui sont par nature raisonnées et inhibitoires, sont plus
stables que les passions dynamiques, qui sont naturellement impulsives.

II

La fin par ÉPUISEMENT, assouvissement, satiété, est la
plus simple et la plus fréquente. Toute passion pour
durer suppose des conditions psychiques et physiques
que je résume rapidement, avant d'étudier la princi-
pale.

Dans l'ordre psychologique, il y a d'abord des néces-
sités *intellectuelles*. Pour que la tendance initiale soit plus
qu'une frénésie brute qui ne dure pas, il faut que l'esprit
du passionné ne soit pas dénué de ressources : compréhension nette du but, adresse, faculté d'adaptation aux
circonstances. Qui ne sait combien, dans la recherche de
la puissance sous toutes ses formes, ont avorté, non
faute de désir, mais faute de moyens appropriés? C'est
l'équivalent renversé des intelligents abouliques. — Il y
a ensuite les conditions *actives*, pratiques : énergie ou
douceur, violence ou patience, audace ou circonspection.

La volonté doit servir quand elle n'est pas totalement asservie. Toute passion doit soutenir la lutte pour la vie, d'abord pour dominer, puis pour s'affermir ; car nulle passion ne vit par la seule force d'inertie ou par habitude, comme on le verra ci-après. — L'absence ou la faiblesse de ces qualités mentales est une cause de fragilité.

Dans l'ordre physiologique, rappelons d'abord les causes débilitantes telles que la faiblesse physique, la maladie, l'âge, le chagrin et tout ce qui entraîne une diminution de vie. Mais, en sus de ces causes bien connues, il y en a une autre plus profonde, sur laquelle il convient d'insister parce qu'elle est la raison dernière de la fin par épuisement.

Actuellement, nul ne conteste l'influence prédominante de l'organisme et des sensations internes dans la vie affective tout entière : elle est directe pour les passions nutritives et sexuelles, indirecte pour les passions plus intellectualisées. Cette influence découle d'une propriété générale des tissus et des organes : l'*excitabilité*, principalement celle du système nerveux. En opposition avec les apathiques (lymphatiques) peu aptes aux émotions et aux passions, les excitables sentent et réagissent vivement, ils sont des émotifs ou des passionnés. Éliminons les premiers, étrangers à notre sujet, en nous bornant à faire remarquer que chez eux l'excitabilité est diffuse et intermittente, tandis que chez les passionnés elle est physiologiquement localisée et psychologiquement spécialisée.

Quoique la physiologie scientifique des passions soit
encore à faire, quoiqu'elle ne puisse pas déterminer suffisamment les conditions générales de toute passion et
encore moins les conditions particulières de chaque passion, on peut sans crainte affirmer que s'il est déraison-
nable de supposer un « siège » des passions au sens où
quelques physiologistes paraissent l'admettre, c'est-à-dire
d'une localisation étroite dans quelque partie de l'encéphale ; cependant, puisque chaque passion, même la plus
simple, est un agrégat d'éléments psychiques, d'espèces
différentes (désirs ou aversions, mouvements, perceptions, images, concepts) ; puisque chacun de ces éléments
a nécessairement un substratum physique et cérébral,
il faut bien admettre une localisation disséminée, coor-
donnée, dont l'unité synthétique est la passion. Chacun
de ces éléments doit fournir du travail, dépenser de
l'énergie. Or, comme la passion est le résultat d'un drainage à son profit de l'énergie totale, une condensation
de la personnalité sous une forme unique et prépondérante, cette hypertrophie partielle est nécessairement
compensée par le dépérissement du reste. Ainsi, l'amour,
suivant la remarque populaire, « fait perdre le boire et le
manger ». Mais à cette suractivité fonctionnelle est inhérente une raison interne d'épuisement, parce que les
grandes passions sont insoumises au rythme alternant
d'activité et de repos qui régit les phénomènes biologiques. Sans doute, le passionné n'est pas toujours et sans
cesse en proie à son obsession, (je note pourtant que

quelques-uns affirment positivement le contraire), les
événements de la vie quotidienne occasionnent des inter-
ruptions inévitables ; mais, s'il n'y a pas toujours obsession *dans la conscience,* en est-il de même dans l'inconscient? Le travail latent dans le cerveau et dans les
organes qui en dépendent est-il interrompu? Rien ne le
prouve. Pour les grands passionnés, les probabilités
semblent plutôt en faveur d'une continuité dans l'excitation ; car, sans cette permanence, la stabilité et la réappa-
rition de l'idée fixe sont difficiles à expliquer. L'individu
resterait donc dans un état perpétuel de tension ou
d'action. Or, c'est un fait biologique que l'excitabilité
disparaît d'autant plus vite que les phénomènes physico-
cliniques sont plus intenses ; plus l'être vivant est actif,
plus il rencontre de causes de destruction. Peu à peu la
réparation est impuissante à compenser l'usure et l'excitabilité disparaît.

Cet état de satiété ou d'épuisement se traduit psychologiquement par la disparition complète ou presque
complète de l'appétition ou de l'aversion : la passion est
ainsi tarie dans sa source. Épuisement ou satiété signifie
donc que la tendance expansive ou répulsive, autrefois
en vigueur, ne peut plus être suscitée par un stimulus
inconscient ou subconscient, ni par la perception ou
représentation de son ancien objet. En termes encore
plus précis, cette inexcitabilité consiste en ceci : l'impos-
sibité de l'apparition spontanée de sensations organiques
avec la tendance (c'est-à-dire les mouvements à l'état

naissant qu'elles enveloppent naturellement) ; ou dans
l'impossibilité du même événement suscité par des perceptions, des images ou des idées. Le premier cas est
celui des passions où l'élément organique a la plus grande
part. Exemple : l'extinction de l'amour sensuel. Le
second cas est celui des passions où les éléments intellectuels sont les plus importants. Exemple : le dégoût du
pouvoir ou, s'il s'agit d'un épuisement momentané, l'état
de « sécheresse » des mystiques.

En résumé, l'état d'inexcitabilité consiste en ce que
les éléments nerveux, quels qu'ils soient et de quelque
manière qu'ils se groupent et se coordonnent pour produire une tendance déterminée et susciter par suite les
états psychiques dont le complexus compose une passion
— sont incapables d'agir et comme anesthésiés ; et quand
on examine dans quelles conditions cette inexcitabilité se
produit, ce qui doit étonner, ce n'est pas que la passion
s'épuise, mais c'est qu'elle dure si longtemps.

Lorsque cet épuisement s'est produit, rapidement ou
lentement, la passion est morte et remplacée par un état
d'indifférence : des gens, des choses, des lieux et de tout
ce qui tenait à elle, il ne reste plus qu'un souvenir sec, un
état purement intellectuel, dénué de toute résonance
affective.

On a signalé plus haut, en passant, les rapports entre
la passion et l'habitude; mais il convient d'y revenir.
L'habitude, propriété générale de l'organisme physique

et psychique, n'entre pas dans la passion à titre d'élément constituant : c'est un facteur accessoire qui agit par l'influence.

Comme exprimant un fait biologique, le terme « habitude » est clair; il désigne une disposition acquise. Les causes qui la produisent ne sont pas toujours les mêmes. Elle peut résulter d'une adaptation active, de la plasticité de l'être vivant et pensant. Elle peut n'être qu'une forme de la mémoire organique, c'est-à-dire d'une tendance de l'organisme à conserver indéfiniment une impression reçue. Il est inutile d'entrer dans des détails sur ce sujet, de même que sur la distinction entre les habitudes actives et passives. Nous prenons l'habitude simplement comme *fait*. Étant un principe de stabilité et de permanence, il est nécessaire d'examiner son influence sur les passions qui sont aussi des états stables.

L'expérience paraît montrer qu'il y a trois cas différents : elle est inutile, elle est utile, elle est nuisible.

1° Dans la passion vraie, sans cesse vivante et renouvelée, il n'y a pas d'habitude à proprement parler, mais son apparence, son simulacre, non sa réalité. La répétition et la permanence sont d'origine interne; elles ont leur source dans la tendance (attractive ou répulsive) qui agit toujours dans le même sens. Ce n'est pas parce que la passion reste une habitude, qu'elle reste vivante, mais c'est parce qu'elle est vivante, qu'elle paraît une habitude, et cette apparence d'habitude n'existe que par la permanence de la cause.

2° Tout au contraire, la passion incomplète ne dure que par la permanence d'une cause étrangère à elle-même, qui est souvent un auxiliaire, un élément de soutien. La consolidation que l'habitude apporte est-elle de luxe ou de nécessité? C'est à quoi l'expérience seule peut répondre. Examinons les cas de rupture d'habitude. C'est le procédé thérapeutique, le remède le plus fréquemment employé par le passionné lui-même ou par ceux qui veulent le guérir. Tantôt il réussit, tantôt il échoue. Quelquefois la rupture dépend des conditions extérieures qui imposent un non-exercice (une maladie chronique, l'emprisonnement, la ruine pour le joueur, etc.).

Si la passion est profonde, si l'effort dans le sens attractif ou répulsif est énergique, la rupture d'habitude sera sans effet; elle exaspère plutôt la passion qui couve indéfiniment, toujours prête à se satisfaire. Ceci nous ramène au premier cas.

Si la passion est superficielle, la suppression de l'habitude l'éteint par défaut d'excitations répétées (vue de l'objet aimé ou haï, de la table de jeu, du vin, des mets délicats). L'habitude au contraire la soutient ou consolide; elle maintient l'idée fixe. Ainsi Louis XV, après l'attentat de Damiens, voulut renvoyer sa maîtresse. Mme de Pompadour tint bon et un jour le roi, passant près de l'escalier dérobé qui conduisait chez elle, monta, « repris par l'habitude »; on sait le reste. Rien de plus fréquent que ces passions d'habitude qui mourraient d'elles-mêmes, si elles n'étaient entretenues du dehors

par des agents humains : ainsi l'amour des princes par
des favorites, par les créatures de ces favorites, par
tous ceux qui ont intérêt à le perpétuer. Le changement
est une excellente pierre de touche pour découvrir si
une passion est superficielle ou profonde.

3° L'habitude n'ayant donc d'action que sur les passions
moyennes, il y a le revers de la médaille : c'est sa vertu
incrustante. Elle nuit à la longue et achemine vers l'assoupissement. Principe d'automatisme, de routine, d'affai-
blissement ou d'anéantissement de la conscience, elle
tend à diminuer une activité déjà languissante. Peu à peu
il ne reste plus qu'un moule à peu près vide : c'est
l'équivalent chez l'individu de faits sociaux tout à fait
comparables en leur mouvement régressif d'extinction.
Dans les religions, l'observance extérieure, les coutumes,
le cérémonial, les rites survivent longtemps à la foi
vivante, par effet de l'habitude. Les institutions politiques
d'un État monarchique peuvent encore durer quelque
temps, quoique la croyance au caractère sacré du roi,
qui en est l'âme, ait disparu[1].

On s'est demandé s'il y a des passions qui échappent
à la satiété et on a répondu par l'affirmative en donnant

---

1. La plupart des missionnaires (me dit une personne qui les connaît
très bien) partent avec l'idée et même l'espoir du martyre. Puis quand
ils ont passé quelque temps dans le pays qu'ils convertissent, ils en
prennent les habitudes, les mœurs, deviennent des curés de campagne.
J'en ai connu un qui était devenu tout à fait Chinois. Il est vrai que
d'autres meurent sur la brèche; leur passion ne s'éteint pas avec les
années, comme Boniface quittant son siège épiscopal pour se faire tuer
à soixante-quinze ans par les Frisons.

comme exemple l'amour de Dieu, de la Science, de l'Art :
on aurait pu en ajouter d'autres, notamment les passions
singulières et exiguës des collectionneurs de tout genre.
Cette question, à mon avis, est mal posée. On parle de
telle passion prise *in abstracto* comme inextinguible;
mais toute passion est individuelle et aucune par nature
n'est réfractaire à l'épuisement. Sans doute, on peut
admettre que les formes statiques sont plus résistantes,
mais elles s'effondrent comme les autres. Au fond la
question est une transposition de celle-ci : le caractère
d'un homme peut-il changer? La passion, nous l'avons
vu, est un caractère partiel qui tend souvent à devenir
le caractère total. Selon nous, les caractères *vrais* ne
changent pas, quoique les moralistes s'efforcent d'établir
le contraire. Sans entamer une discussion et pour rester
dans notre sujet, on doit répondre que l'indéfectibilité
d'une passion vient non de sa nature originelle, c'est-à-
dire de ses éléments constituants et de son objet, mais de
la nature originelle de l'individu. Il n'y a pas de passion
insatiable, mais des passionnés insatiables.

Une autre question connexe est celle-ci : Une passion
peut-elle mourir par « coup de foudre »? Quelques
auteurs (Letourneau, Renda) sont pour l'affirmative, et
elle me paraît justifiée. A vrai dire on ne cite que très
peu d'exemples (l'anecdote sur Hypatie, le cas de
Mlle de Lespinasse, celui de Raymond Lull qui n'est en
réalité qu'une transformation) dont quelques-uns sont

suspects ou peu topiques. Mais remarquons qu'il ne s'agit que de gens célèbres. Des autres, on ne dit rien, parce qu'ils sont ignorés. Cependant, quoiqu'on prenne souvent pour extinction ce qui n'est que métamorphose, on ne peut douter raisonnablement qu'il existe de tels cas : pour certains tempéraments, le choc est tel que la passion est tuée d'un coup : ainsi la haine peut tomber brusquement en face d'une brusque catastrophe de l'ennemi; et il n'est pas besoin de préparation latente pour cet anéantissement inattendu, parce que toute destruction peut se produire d'un bloc.

III

Toute passion qui disparaît peut être remplacée par une autre de deux manières.

La passion qui s'éteint et celle qui succède sont différentes, mais il y a entre elles un fond commun; j'appelle ce cas une *transformation*.

A une passion en succède une autre totalement différente en nature; j'appelle ce cas une *substitution*.

Ces deux cas doivent être étudiés séparément.

I. Il est inutile de faire remarquer que la fin par TRANSFORMATION n'est qu'une fin apparente, qui ne trompe que l'opinion vulgaire et les esprits irréfléchis. Pour qu'elle se produise, il faut deux conditions principales :

1° Qu'il y ait dans l'individu un surplus d'énergie,

ayant besoin de se dépenser. Aucune transformation
n'est possible chez les épuisés; l'étoffe manque; et c'est
une juste remarque, due aux moralistes, que de grands
pécheurs peuvent devenir de grands saints et que des
hommes passionnés pour le bien auraient pu être de
grands criminels.

2° L'apparition d'un but, d'une idée directrice. Jusqu'à
ce qu'elle paraisse, l'énergie peut se dépenser en vains
essais, en ébauches de passions; mais tant qu'elle n'est
pas endiguée et canalisée par la puissance de l'idée, la
transformation est impossible. L'idée, je le répète, en
tant que concept pur, est insuffisante à ce rôle; il faut
qu'elle incarne et fixe certaines tendances latentes ou non
orientées. Beaucoup d'idées peuvent se produire, sans
créer la stabilité de l'état passionnel; la force créatrice de
l'idée a sa source surtout dans la nature affective de
l'individu. Ici, comme toujours (sauf un cas qui sera
indiqué ci-après), le déplacement et remplacement de
l'idée est le signe visible de la transformation.

Rien de plus connu que ces métamorphoses de passions
qui, quant au fond, sont faites de la même substance.
Le cas le plus fréquent est la transformation de l'amour
humain en amour divin ou inversement. Il suffit de rappeler l'évolution qui s'opère chez beaucoup de mystiques.
On sait si l'amour déçu a peuplé les cloîtres, et Mme de
Sévigné disait de Racine converti : « Il aime Dieu comme
il aimait ses maîtresses ». La transformation de l'amour
sensuel en amour platonique et la métamorphose con-

traire sont des cas moins complets. On sait que le fanatisme religieux peut se changer en fanatisme politique et
social : il y a dans l'histoire de nos jours des noms connus
de tout le monde. La passion de la lutte et de la conquête
peut varier dans son but et ses apparences, sans varier
en nature : ainsi Ignace de Loyola, chevalier fougueux
et batailleur, entravé par ses blessures, après avoir
traversé une période de « bouillonnement » devient un
paladin d'un autre ordre, au service de Jésus-Christ [1].

En somme, dans les cas de transformation, l'idée directrice est remplacée par une autre. C'est l'effet des circonstances, des influences extérieures, de la suggestion,
des tendances latentes; mais la passion initiale vit, toujours la même, sous un autre masque.

Il y a un mode de transformation qui exige quelques
remarques spéciales : c'est le cas où une passion se
change en son contraire. Quoique la notion de contraire
soit assez vague et difficile à fixer surtout pour les sentiments, nous pouvons nous contenter d'une conception
empirique et admettre comme contraire deux passions
dont l'une par ses caractères et ses effets semble la néga-
tion de l'autre. Or, ce mode de transformation a une
marque qui lui est exclusivement propre : c'est que l'état
intellectuel, *l'idée fixe ou dominatrice ne change pas*;
l'objet de la passion reste le même, sauf une interversion

---

1. Ranke (*Histoire de la papauté au XVI° siècle*) a fait la psychologie
de ce cas en détail et avec une impartialité qui manque chez la plupart
des autres biographes entraînés par l'esprit de parti dans un sens ou
dans l'autre.

de valeur; il change de signe (au sens mathématique), de positif il devient négatif ou inversement.

Les causes de cette intervention sont internes (changement dans les dispositions du passionné) ou externes (changement réel dans l'objet, et ce cas est fréquent en amour, influences extérieures, suggestions dues à autrui); mais, en dernière analyse, elles se ramènent directement ou indirectement à une transformation dans le sujet.

Pour expliquer ce changement par antithèse, on a cherché des analogies dans les faits biologiques : alternance de la fatigue et du repos, actions antagonistes, phénomènes de contraste dans l'organe visuel; mais, outre que ces analogies sont hypothétiques et arbitraires, elles ne peuvent rien apprendre, notamment pourquoi la passion qui disparaît ne finit pas, comme d'ordinaire, par un état d'indifférence, de satiété. On a fait remarquer que c'est le propre de la vie affective de se mouvoir dans les contraires, parce qu'elle est déterminée tout entière par le grand contraste entre le plaisir et la douleur. « A une forte tension, a-t-on dit, succède souvent une tendance à diriger notre intérêt dans un sens opposé, tout comme l'œil fatigué d'une couleur cherche la couleur contraire. » Si vraie que soit cette thèse, elle est trop générale et par suite insuffisante pour notre cas particulier.

Il vaut mieux chercher l'explication dans les faits purement psychiques, autant qu'on peut pénétrer dans leur mécanisme obscur. Par suite des causes ci-dessus énumérées, l'idée maîtresse, et par suite son objet, cesse d'être un centre d'associations agréables et attractives. Tout au contraire, les jugements de valeur ayant changé de signes quant à ces objets, étant devenus négatifs, étant une affirmation du désagréable et du répulsif, un sentiment général d'aversion se substitue à l'autre : il est une somme, chaque perception ou représentation éveillant des tendances de même nature, orientées toutes dans le même sens. Peu à peu cet agrégat d'états conscients ou subconscients forme une synthèse solide, une systématisation complète qui, lentement ou rapidement, après des oscillations, s'installe dans la conscience invinciblement, et la transformation est opérée. Remarquons d'ailleurs que les passions très complexes, en raison des éléments quelquefois hétérogènes qui les composent, ont des moments de défaillance, de recul, d'interversion passagère : ébauches avortées d'une transformation en état contraire.

Les cas les plus fréquents de cette transformation sont : amour en haine, fanatisme religieux en fanatisme irréligieux, passion du plaisir en ascétisme. Je n'emploie pas au hasard l'expression *passion* du plaisir ; car si le plaisir est un caractère général de la vie affective, il peut devenir l'objet d'une tendance stable, maîtresse de l'individu, comme chez les « viveurs ». A la vérité ses manifestations sont un peu disséminées et hétérogènes; elle n'a pas la cohésion des passions puissantes; le passionné de plaisir est proche parent des émotifs-impulsifs.

Il est à peine nécessaire de rappeler que, dans tous ces

cas, entre les deux passions antithétique , il y a un fond commun, une identité de nature qui s'exprime par la permanence de l'idée : elles ne sont contraires qu'à cette condition.

II. Au sens rigoureux, la SUBSTITUTION, le remplacement d'une passion par une autre passion totalement différente en nature, n'est pas très fréquente. La question est complexe et se présente sous plusieurs aspects.

Tout d'abord, voici une forme de substitution ou du moins une évolution qui s'en rapproche. C'est une opinion communément admise, fondée sur l'observation séculaire de la vie humaine, que la passion dominante dépend de l'*âge*, par conséquent de la constitution, du tempérament, du caractère et de l'expérience acquise. Ce qu'on résume en disant : à l'enfance, les passions nutritives ; à la jeunesse, l'amour ; à l'âge mûr, les diverses formes de l'ambition ; à la vieillesse, l'avarice. Remarquons que cette substitution suit une marche assez régulière du minimum au maximum de calcul. C'est une généralisation empirique, déduite directement et immédiatement des données de l'expérience et on ne peut nier que sa conclusion est en faveur d'une substitution au moins partielle. Toutefois, il est aussi incontestable qu'elle n'est vraie qu'en gros, pour les passions moyennes, pour le commun et la majorité des hommes, — en un mot elle est vague.

Le problème peut être considéré sous un autre aspect.

Il y a des hommes d'une seule passion, plus fréquemment des hommes de plusieurs passions coexistantes ou successives. Que nous apprennent ceux-ci sur le fait de la substitution? Peu de chose; il n'en ressort aucune solution nette. On sait que la vie affective supporte très bien la coexistence de tendances non seulement différentes, mais souvent opposées et contradictoires dont chacune ne cherche que sa fin propre. Nous avons étudié ailleurs (*Logique des sentiments*) cet état, en montrant qu'il n'est anarchique que du point de vue de la raison qui, elle, a besoin d'unité; mais que l'être affectif s'en accommode très bien. Acceptons donc ce fait sans commentaires.

Il peut tromper et produire l'apparence illusoire d'une substitution. Dans les tempéraments passionnés, lorsque plusieurs tendances coexistent, chacune (surtout pendant la période d'effervescence de la jeunesse) s'efforce d'accaparer l'individu qui se dépense en passions courtes et dissemblables. Mais souvent, dans ce chaos affectif, une vraie passion surgit, grandit, semble se substituer à toutes les autres. Tel sort d'une agitation sans but fixe et en toute direction, pour devenir et rester un passionné d'aventures et d'inconnu, un grand explorateur. On peut se demander si tel n'est pas le cas de lord Byron : on le classe parmi les passionnés, quoiqu'il fût plutôt un émotif-impulsif, « fait de facultés débridées et débordées ». Lui qui appelait un poète « un bavard » et disait avoir pris la poésie, faute de mieux, n'eut peut-être d'autre passion réelle que celle des aventures : il avait trouvé

sa voie en se faisant soldat de l'indépendance grecque
pour mourir à Missolonghi. — On a pu soutenir que
César n'était pas un ambitieux-né. Longtemps de santé
fragile, mondain, raffiné, dilettante, doué d'une admi-
rable intelligence scientifique et artistique, il a affirmé
sa passion dominante en bonne partie par l'effet des circonstances. — Prenons Napoléon comme type de l'ambition incarnée. Cette passion fut la substance permanente
de sa volonté, si intime qu'il ne la distingue plus de lui-
même et que, parfois, « il cesse d'en avoir conscience [1] » ;
et, cependant, il eut des passions à rêveries, issues de la
même tendance qui l'attirait vers J.-J. Rousseau et
Ossian. Un de ses biographes lui attribue trois amours
véritables, en omettant les fantaisies purement sensuelles.
Mais ces passions, il les tenait en bride. « Joséphine,
disait-il, ne sait donc pas que l'amour n'est pas fait pour
moi? Qu'est-ce que l'amour? une passion qui laisse tout
l'univers de côté pour ne voir que l'objet aimé. Assurément, je ne suis pas de nature à me livrer à une pareille
exclusion [2] ».

Bolivar, *el Libertador*, nous apparaît comme possédé

1. Taine, *Le Régime moderne*, I, p. 95. « Moi, disait-il à Rœderer, je n'ai
pas d'ambition ou si j'en ai, elle m'est si naturelle, elle m'est tellement
innée, elle est si bien attachée à mon existence qu'elle est comme le
sang qui coule dans mes veines, comme l'air que je respire. » On
pourrait citer d'autres aveux de ce genre.

2. Sur ce point, on trouvera des détails curieux pour la psychologie
dans le livre de F. Masson : *Napoléon et les femmes; Joséphine répudiée.*
Il écrivait à celle-ci, chaque jour, une longue lettre d'amour, pendant
la crise de Castiglione, alors que la situation était si grave, le péril si
grand, qu'il jouait sa destinée, se demandant s'il échapperait à la destruction.

d'une seule passion, la libération de ses compatriotes,
identifiée, il est vrai, avec son ambition personnelle (on
l'accusa de vouloir se faire couronner). Mais le général
anglais Miller, qui servit sous lui et le connaissait à fond,
nous dit : jeune, il était épris de danses, de débauches
de table, de jeu, de plaisanteries obscènes, traînant dans
les camps toutes ses maîtresses avec lui. L'adversité en
fit un autre homme : orgueilleux, impassible, dissimulé,
tenace, patient et souple au besoin, patriote dévoué. —
Citons encore Alfieri. Jusqu'à vingt-sept ans, passion
effrénée des voyages, des femmes, des chevaux, « sans
qui il n'est plus que la moitié de lui-même ». Puis une
sorte de crise hystérique. « Alors il prend l'engagement
envers lui-même et envers le public de se faire auteur
dramatique »; il est possédé d'une passion nouvelle, celle
de l'étude, jusqu'à sa mort (cinquante-deux ans) : « il
s'est tué à force d'étudier et de travailler ». « Brusquement, écrit un de ses biographes, il sortit du monde
pour entrer en littérature, comme, en un siècle de religion, il fût entré dans un couvent. » Toutefois cette
passion ne fut pas assez rapide pour tuer toutes les autres.

Les faits de ce genre abondent dans l'histoire et chez
les gens qui n'ont pas d'histoire. Mais, en regardant de
près, il n'y a pas substitution *complète*, quoique les deux
derniers cas s'en rapprochent. L'événement réel, c'est la
domination d'une passion unique qui s'élève beaucoup
au-dessus des autres, les atrophie, les débilite ou les
asservit à ses desseins.

Finalement, la subsitution complète est-elle possible?
Peut-on rester un passionné, mais avec changement total
d'orientation, sans rien de commun entre les deux
phases? Pour préciser, prenons Roméo comme type idéal
de l'amour, supposons-le sauvé de la mort, rassasié de
son amour pour Juliette et de tout amour : aurait-il pu
devenir un *condottiere* ambitieux, possédé d'une passion
unique, celle de conquérir une principauté par le fer et
le feu?

A priori, cette substitution complète est possible et
même très vraisemblable. Il est difficile d'en trouver des
exemples dans l'histoire, parce que les chroniqueurs n'ont
aucun souci des détails psychologiques précis. De même,
dans la vie ordinaire, pour les inconnus : ou si les conditions de leur métamorphose ont été remarquées, elles
ne sont connues que de leur entourage. Restent les cas
morbides où l'objectivation est plus aisée. On en rencontre : ainsi une jeune femme poursuivie par l'obsession
amoureuse, à la suite d'un mariage rompu, accepte
quelques verres de consolation dans un cabaret, « ce qui
la console si bien qu'elle recommence et au lieu d'être
une obsédée amoureuse, elle devient une dipsomane[1] » :
mais il convient d'ajouter que, si on entre dans la pathologie, le problème se modifie un peu.

En somme, les cas de substitution complète doivent
être rares. La passion vraie tient l'homme tout entier et,

---

1. Pierre Janet, *Les obsessions et la psychasthénie*, t. I, p. 656 (F. Alcan).

dans le cas actuel, il faut que l'homme devienne totalement autre. Sans doute, ce changement n'est pas impossible. Les conversions de tout genre sont aussi des substitutions, mais moins radicales, étant de simples interversions de valeur qui, nous l'avons vu, supposent un fond commun.

Donc, en laissant à part les hommes d'une seule passion et en prenant les choses à l'ordinaire, il y a, dans les tempéraments ardents, richement doués, ayant dépassé le niveau inférieur des sensitifs et des instables, une passion qui tient l'hégémonie et pour qui les autres sont des accessoires, des auxiliaires ou des antagonistes.

IV

La passion se termine quelquefois par la FOLIE. Ce fait est si connu qu'il semblerait suffisant de le rappeler, sans exemples et sans commentaires. Toutefois, avec plus de réflexion, on découvre que l'expérience nous offre des cas obscurs où l'on peut se demander si la folie est une passion qui finit ou la passion une folie qui se prépare, en sorte que ce qui paraît une fin serait en réalité un commencement. La question vaut la peine d'être étudiée avec quelques détails, car elle tient au fond de notre sujet : *la nature intime de la passion*, et elle pose ce problème : la passion est-elle un état pathologique? Il n'est pas facile d'y répondre clairement.

Nous réduirons notre étude à deux questions : Y a-t-il

des caractères qui distinguent la passion de la folie?
Y a-t-il une communauté de nature entre la passion et
la folie? Ainsi ces deux états seront comparés successi-
vement quant aux différences et quant aux ressemblances.

I. La distinction du sain et du morbide est souvent très
malaisée. Sans doute, il y a des cas où l'hésitation n'est
pas possible, mais il y a aussi des zones mitoyennes qui
flottent indécises entre la maladie et la santé. Claude
Bernard a osé écrire : « Ce qu'on appelle l'état normal
est une pure conception de l'esprit, une forme typique
idéale, entièrement dégagée des mille divergences entre
lesquelles l'organisme oscille incessamment, au milieu de
ses fonctions alternantes et intermittentes ». S'il en est
ainsi pour la santé du corps, combien plus encore pour
la santé de l'esprit? « Le dilemme : cet homme est fou
ou ne l'est pas, disait Griesinger, n'a pas de sens dans bien
des cas. » On trouverait chez beaucoup d'autres auteurs
des déclarations analogues et on sait si l'expertise pratique
est pleine de perplexités et de décisions périlleuses.

L'organisme psychique, plus complexe et plus instable
que l'organisme physique, laisse encore plus difficilement
fixer une norme. Enfin cette difficulté atteint son
maximum dans la vie affective.

On trouvera dans les ouvrages des aliénistes la longue
énumération des troubles symptomatiques de la folie :
les uns sont généraux, les autres sont propres à telle

forme particulière de maladie mentale. Il suffira de rappeler les plus importants.

Les symptômes physiques, quoiqu'ils soient les plus nets et les plus faciles à constater, ont peu d'intérêt pour notre recherche comparative, parce que si la physiologie de la folie est riche, celle des passions est tellement pauvre que les caractères matériels qui différencient la folie et la passion — s'il y en a — ne sont que vaguement déterminables. Il est donc préférable de se limiter aux oppositions d'ordre psychique.

On a proposé comme critérium principal des maladies de l'esprit « le manque d'adaptation, originel ou acquis, de l'individu à ses conditions d'existence ou à son milieu ». L'état normal implique une adaptation adéquate à l'ordre des choses. Notre personnalité est un système de réactions ajustées au monde physique et social qui l'entoure. Nos fonctions psychiques (percevoir, penser, sentir, agir) sont des instruments dont la fin naturelle est l'utilité, quoique parfois ils s'en écartent. Ce critérium est donc franchement téléologique et doit l'être à titre de fait. — Le caractère d'adaptation incorrecte et incomplète est-il aussi inhérent aux passions? On n'en peut pas douter. Quelques moralistes et biologistes ont soutenu que toutes les passions sont nuisibles à l'individu (leur utilité sociale étant réservée). Cette opinion radicale me paraît inadmissible; car s'il y a des passionnés qui maudissent leur servitude, sans pouvoir s'y soustraire, on en rencontre fréquemment d'autres qui seraient très malheureux d'en être libérés et, tout compte fait, y trouvent plus de profits que de pertes. Cependant, il faut bien concéder comme fait d'expérience et d'observation que toute passion, même moyenne, fausse le mécanisme normal de la conscience dont la règle est un changement et une adaptation perpétuels. La passion est téléologique à sa manière ; elle a une fin très nette, elle y tend comme fait l'instinct ; si elle a ses erreurs, l'instinct aussi a les siennes. Le passionné montre souvent une grande habileté dans l'adaptation à son but et à son milieu, mais cette adaptation est unilatérale, donc anormale. Par suite, si la plasticité d'adaptation de l'intelligence et des actes est prise comme critérium, la passion se rapproche plus de la folie que de l'état normal.

L'idée fixe ou simplement dominatrice est encore un caractère qui permet une comparaison entre la passion et l'aliénation. Nous avons vu dans un précédent chapitre que *subjectivement*, à titre de fait purement psychique, l'idée ou émotion fixe, qu'elle vive dans le cerveau d'un passionné, d'un inventeur ou d'un fou, a pour marque unique d'être le centre exclusif des associations avec ou sans obsessions ; que, *objectivement*, comme fait extérieur extrapsychique, l'idée fixe se caractérise par sa valeur, par ses résultats, qui peuvent être utiles, indifférents, ou nuisibles. Mais la distinction que nous cherchons est ailleurs ; la voici. *Toute* passion, même courte et modérée, implique une idée dominante, exclusive et stable : cette condition est nécessaire ; si elle manque, on tombe dans le chaos affectif des déséquilibrés[1]. Au contraire, cet élément intellectuel ne se rencontre pas dans toutes les formes d'aliénation; quelques-unes l'excluent par leur nature même, notamment celles qui comptent parmi leurs symptômes ce que les aliénistes appellent « la perte de la pensée » ou le flux des idées.

Il y a une autre différence dont on ne me paraît pas avoir tenu compte, peut-être parce qu'elle est purement psychologique. Le passionné a toujours conscience de sa passion, même quand il s'identifie avec elle comme Napoléon. L'aliéné, en général et sauf des intervalles lucides, n'a pas conscience de son délire. D'autres connaissent si peu leur état que, renversant les situations, ils classent les gens raisonnables parmi les fous.

Enfin, les hallucinations, quoique n'étant pas inhérentes à toutes les formes d'aliénation mentale, sont pourtant un symptôme notable et fréquent. Or, je ne vois pas que les passionnés, même à imagination vive, soient prédisposés à l'hallucination par le seul fait de leur passion, ni qu'ils prennent leurs rêves pour une réalité. Ce phénomène est plutôt le propre des poètes, romanciers, peintres, musiciens.

On pourrait sans peine allonger la liste de ces rapprochements comparatifs, sans rien changer à la conclusion :

---

1. Dans le parallèle ci-dessus, il s'agit des passionnés seuls, tels qu'ils ont été définis à plusieurs reprises, non des émotifs-impulsifs. « Le tempérament vésanique » (Maudsley), qui est le terrain d'élection du déséquilibre mental, paraît plus proche de la folie que le tempérament passionné.

Il n'y a aucun caractère spécifique, c'est-à-dire qui existe toujours dans les passions et jamais dans la folie, qui manque toujours dans la folie et jamais dans la passion. Dans les cas équivoques, la distinction entre la passion et la folie s'établit non par un critérium unique, mais par un ensemble complexe de caractères.

II. La ressemblance entre les grandes passions et la folie est si frappante que partout elle a été reconnue et affirmée par les langues, expression directe de l'opinion populaire : amoureux fou, folie du jeu, de la puissance, de l'argent, etc. Dans l'antiquité, beaucoup de médecins et de philosophes, notamment les Stoïciens, ont fait de même. Au xixᵉ siècle, l'étude des maladies mentales, jusqu'alors assez négligée, se développe et tend à se constituer scientifiquement. Cette question de ressemblance se pose de nouveau; elle n'est plus seulement indiquée en passant; elle est traitée : Lélut, Moreau de Tours, Maudsley et beaucoup d'autres rassemblent des observations et proposent des théories. Ils se complaisent dans cette région intermédiaire entre la raison et l'aliénation qu'ils appellent zone mitoyenne, frontières de la folie. Il serait téméraire de prétendre qu'ils affirment nettement l'identité de nature entre la passion et la folie, et que des ressemblances superficielles que tout le monde voit, ils concluent sans réserve à une ressemblance foncière. Pourtant, ils y inclinent visiblement et le mot célèbre : « le génie est une névrose », bien qu'il s'applique à la raison, pourrait sans peine être transféré à la passion. Mais il importe de remarquer que sur le terrain où ils se sont installés de préférence, il s'agit plutôt des déséqui- librés, des impulsifs, des surexcitables que des passionnés au sens rigoureux où nous l'entendons; en tout cas, dans leur étude, ils n'établissent aucune distinction entre ces deux catégories, en sorte que leur réponse reste vague- ment déterminée. Au contraire, Renda, dans son récent ouvrage [1], reprenant la question, soutient formellement l'identité de nature et comme il distingue rigoureuse- ment l'émotion de la passion, qu'il les pose même comme antithétiques, sa thèse ne prête à aucune équivoque. En voici le résumé.

Les passions sont des formes mitigées, des *équivalents* des psychopathies. L'observation et l'analyse nous per- mettent de distinguer trois groupes de faits : 1° les moments passionnels, simples poussées (d'amour, d'ambition, de haine, etc.) qui ne durent pas; elles ne constituent pas plus une passion qu'un accès isolé de peur ne constitue une phobie; 2° les psychopathies passionnelles, c'est-à- dire les troubles psychiques qui prennent la physionomie d'un fait passionnel exagéré, comme la folie jalouse, la vengeance criminelle; 3° les passions au sens vrai et propre; elles ont un degré qui n'est pas atteint dans le premier cas et qui est dépassé dans le second. — « Prises en elles-mêmes, les passions sont des équivalents psy-

---

1. *Le Passioni*, 1906, surtout chap. v et vi.

chopathiques. La conception implicitement contenue dans la théorie des équivalents épileptiques (Samt, Lombroso), si féconde en résultats pour la connaissance de beaucoup de faits morbides, doit s'étendre du champ de l'épilepsie à toute l'activité pathologique de l'esprit humain. On sait que les « équivalents épileptiques » sont des troubles profonds de la conscience qui, comme préludes d'un accès proprement dit, souvent se substituent à lui, sans produire de troubles moteurs, vaso-moteurs, etc. C'est une réduction dans la sphère psychique du cadre clinique de l'épilepsie et comme une atténuation des phénomènes qu'elle présente. Les passions sont pour les psychopathies ce que les équivalents psychiques sont pour l'épilepsie. Elles sont des préludes ou des substituts soit dans l'individu, soit dans le processus héréditaire des formes morbides classiques; elles en présentent les formes atténuées et ont toutefois la même issue » (p. 101).

On a pu remarquer que le Dr Renda allègue deux sortes de preuves à l'appui de sa thèse : la passion est l'équivalent d'une psychopathie dans l'individu; elle l'est aussi dans une famille ou une lignée : c'est l'hérédité par métamorphose ou hétéromorphisme, sujet traité par tous les auteurs qui ont écrit sur la transmission héréditaire[1].

Je n'insisterai pas sur la deuxième preuve, parce que

---

1. On l'a étudié sous la forme morbide, soit d'après des observations cliniques, soit d'après des documents historiques (dégénérescence des familles royales et princières, de la lignée des hommes célèbres). Pour les détails sur ce point, je me permets de renvoyer à mon livre sur *L'Hérédité psychologique,* 1re partie, ch. vi et ch. vii.

cette forme d'hérédité a suscité beaucoup de critiques, et qu'on lui reproche d'être un procédé d'explication trop élastique. D'ailleurs, dans le cas actuel, la position du problème change un peu. Il ne s'agit plus d'une maladie mentale qui se maintient pendant plusieurs générations, mais qui change de forme en passant de l'ascendant au descendant : hypocondrie, mélancolie, épilepsie, imbécillité. Il s'agit de la *passion* d'un père, devenant, par hypothèse, vésanique chez le fils, ou inversement. Certes, on peut produire des faits de ce genre, mais on peut aussi se demander s'ils sont assez bien établis et surtout assez nombreux pour autoriser une conclusion générale.

J'avoue incliner personnellement vers la thèse pathologique. Passion et folie me paraissent taillées dans la même étoffe ; le difficile est de fixer la limite. Nous avons vu qu'il n'y a aucun caractère spécifique qui permette de distinguer toujours et sûrement le passionné de l'aliéné. On ne peut statuer en général, parce que, dans toute généralisation, les caractères secondaires disparaissent et ils sont indispensables pour décider. Cependant quelques remarques montreront que l'identification complète est inacceptable.

Il est admis que chaque forme de tempérament prédispose à certaines maladies : inflammatoires, consomptives, nerveuses, etc. ; mais cette prédisposition n'est pas une maladie et n'y aboutit pas nécessairement. De même pour les passions : on trouverait à discrétion de grands passionnés qui n'ont pas sombré dans la folie et d'autre part des folies qui n'ont eu pour prélude aucune passion.

Voici une autre difficulté. Si l'on admet la thèse de l'identité de nature dans son intégralité; si *toute* passion est l'équivalent mitigé d'une psychopathie, on est contraint de trouver cette équivalence et d'établir que telle passion correspond à telle psychopathie, par exemple l'ambition à la mégalomanie. Est-ce possible? Il n'y a aucune classification des maladies mentales qui soit universellement admise; chaque aliéniste notable a la sienne. Il n'y a non plus aucune classification des passions acceptée de tous, d'autant moins que les essais de ce genre confondent les états affectifs simples, les émotions et les passions. Cependant, supposons ce double travail accompli, supposons qu'il ait réussi à s'imposer, on peut prédire sans crainte que les deux classifications ne seraient pas superposables ni coïncidentes sur tous les points. Si l'on en doute, que l'on compare les classifications quelconques qui ont cours actuellement. Il y a dans les maladies mentales des états comme la mélancolie qui n'ont pas d'équivalent passionnel. Quels seraient ceux des folies diathésiques?

A la vérité, on peut procéder avec moins de prétention et sous forme fragmentaire. Dans certains cas, le rapprochement s'opère de lui-même et divers auteurs l'ont fait, sans aucune préoccupation de doctrine[1]. Jalousie et délire

---

1. Entre autres Descuret, dans sa *Médecine des passions,* livre souvent cité et, je crois, peu lu, quoique remarquable pour son temps (1840), plein de faits curieux et d'aperçus ingénieux. L'auteur a bien marqué

des persécutions, haine et folie morale, ambition et délire des grandeurs, ivrognerie et alcoolisme, amour et folie érotique (ou « folie d'exaltation sans contours nosologiques précis », d'après Renda, p. 100). Il y a des équivalences plus hasardées : l'avarice et la kleptomanie, la passion des collectionneurs et encore la kleptomanie, selon le même auteur. Toutefois si l'on analysait avec quelque soin chacun de ces couples, on constaterait que des éléments psychiques s'ajoutent ou s'éliminent en passant de la forme passionnelle à la forme psychopathique. — L'identité de nature est mieux marquée dans d'autres cas : le jeu-passion et le jeu-folie, la passion religieuse, politique, esthétique, scientifique qui en s'exaltant jusqu'au délire, va se terminer dans un asile d'aliénés. En somme, quand on passe de la passion, sous ses formes vives, à la folie, on a l'impression de ne pas changer de milieu; mais c'est une *impression* plutôt qu'une certitude positive, expérimentale.

Sans insister plus longtemps sur ce point, restreignons-nous pour finir à cette unique question : toute passion est-elle morbide par nature? — Le seul procédé convenable non pour la résoudre mais du moins pour l'éclaircir, c'est d'examiner la valeur de la passion comme fait biologique.

De nos jours, on est assez volontiers disposé à admettre que les diverses formes de la vie psychique sont des instruments adaptés moins à la spéculation qu'à des fins

la place à part des passions dans l'ensemble de la vie affective et il est bien supérieur sur ce point à ceux qui l'ont suivi.

positives; ce sont des armes pour la lutte, utiles ou
nuisibles suivant les cas. Perception, jugement, raisonnement, instincts, tendances, volonté et action ont, avant
tout, une valeur pratique pour notre contact avec le
monde et doivent être jugés d'après cet étalon; leur
valeur spéculative est un luxe.

Considérons la passion du même point de vue. Est-elle
un instrument utile pour la vie de l'*individu?* Remarquons d'abord qu'un homme sans passion — il s'en
rencontre — n'est pas nécessairement un être inerte et
sans ressort; comme on pourrait le supposer à la légère.
Il est muni comme tout autre des appétits, instincts,
tendances, désirs et aversions qui font partie de la constitution normale de l'humanité : cela suffit grandement à
le faire agir. Ni l'activité explosive de l'émotif, ni la tension violente et ferme du passionné ne sont nécessaires.
Rappelons aussi que la passion n'est pas une manifestation primaire et simple, un don de la nature; elle est
l'œuvre souvent frivole de l'homme. Cette forme complexe de la vie affective dont nous avons analysé plus
haut les éléments, est-elle un gain pour l'*individu* [1]? Est-
il mieux armé? Quelques auteurs, même sans juger en
moralistes, le nient. La question n'est pas simple et la

---

[1]. J'omets les résultats des passions en dehors de l'individu, dans la
société. Il est incontestable que, dans l'ordre social, aucune grande
fondation n'a eu lieu sans elle, qu'aucune grande destruction ne s'est
faite sans elle; mais on ne peut établir la balance exacte entre l'utile et
le nuisible, ni par conséquent décider si les profits compensent les
pertes. Nous reviendrons dans la conclusion sur les grands aspects de
la passion.

réponse dépend de la conception qu'on se fait de la
vie.

Si on apprécie la vie en dépensier; si, par bien vivre,
on entend beaucoup vivre, c'est-à-dire accumuler dans
un temps donné un très grand nombre non pas d'idées
pures mais d'impressions affectives, on attribuera à la
passion une valeur biologique positive.

Si au contraire on apprécie la vie en économe, on
décidera que la passion est de la force perdue, un gaspil-
lage débilitant et on lui attribuera une valeur biologique
négative.

Si, laissant de côté ces deux affirmations contraires qui,
comme tous les jugements de *valeur*, sont subjectifs, on
essaie une évaluation du dehors, objective, d'après les
résultats, non d'après le sentiment intime de l'individu,
on sera plutôt disposé à la solution négative. Toute
passion même courte est une rupture dans la vie normale.
Nous en connaissons les signes distinctifs : formation
d'un caractère partiel, associations et dissociations régies
par une seule idée dans une direction unique, polari-
sation de la conscience. Elle est un état *anormal* sinon
pathologique, une excroissance, un parasitisme.

Pour conclure, les petites passions sont de simples
prédispositions, les moyennes accentuent la marque
pathologique; les grandes sont morbides et se rapprochent de la folie quand elles n'y aboutissent pas; et
comme outre les deux extrêmes on peut constater en fait
tous les degrés possibles de transition, il est également

légitime de soutenir que la passion est une folie et qu'elle
ne l'est pas. Il n'y a pas de réponse absolue.

V

Une dernière terminaison de la passion c'est la MORT.
Il va de soi qu'il s'agit non de la mort naturelle résultant
d'une maladie, d'un accident, de la vieillesse, mais de
celle qui est l'effet de la passion elle-même et qui en
sort par une logique interne inévitable. Le passionné
peut arriver à l'issue fatale de deux manières :

Par le seul fait intrinsèque de la passion, il marche
vers la mort qu'il sait très possible, très probable, sans
souci de l'éviter : les excès du gourmand, de l'ivrogne,
de l'amoureux; le surmenage de l'artiste ou du savant,
l'obstination aveugle de l'ambitieux, qui affaiblit l'esprit
de calcul.

Par la même cause, mais en sus par la pression des
influences ou des circonstances extérieures; le passionné
marche à une mort certaine, volontairement, délibérément. La fin par suicide est le cas type; la haine qui se
satisfait par la vengeance avec l'acceptation anticipée
d'une condamnation capitale.

Il y a une remarque générale à ajouter. Quand on
parle de passions, on a ordinairement une telle habitude
de ne penser qu'à deux ou trois, les plus communes et
les plus dramatiques, qu'il n'est pas inutile de rappeler
— ce que l'expérience de la vie humaine démontre

amplement — que *toutes les passions sans exception
peuvent conduire à la mort.* Une très courte revue des
faits en donne la preuve. Je ne dis rien des passions
nutritives, d'ordre inférieur, mentionnées plus haut.

Inutile d'insister sur l'amour. Dans l'ensemble des
suicides, le nombre des hommes est 4 à 5 fois supérieur
à celui des femmes ; pour les suicides par amour il s'éga-
lise à peu près dans les deux sexes, avec une légère
augmentation du côté des femmes. Ce fait s'explique
peut-être par la fréquence du double suicide chez les
amants. Cette fin est particulière, non par cette union
dans la mort, effet d'un attachement identique et d'une
suggestion quelquefois réciproque, mais par le milieu
psychologique qui l'enveloppe. D'abord une illusion imaginative : les amants veulent reposer ensemble dans la
même tombe, comme s'ils pouvaient y trouver l'assu-
rance d'une possession complète, définitive et immuable ;
pour cela ils emploient tous les procédés en leur pouvoir,
faute de mieux, des adjurations suprêmes à leurs parents.
Ensuite, c'est le calme. Quand leur résolution est prise,
ils se sentent heureux, peut-être parce que ce consentement mutuel est la plus haute preuve de leur amour.
« Les nombreux documents judiciaires que j'ai consultés,
les enquêtes personnelles que j'ai faites établissent en
effet que les amants préparent généralement leur double
suicide avec une insouciance, une gaieté surprenantes [1] » ;

---

1. Proal, *ouv. cité.* On trouvera de nombreux et curieux documents
sur ce sujet dans le chapitre II : « Le double suicide passionnel ».

en sorte que leur désir, sans cesser d'être une violente passion, prend l'apparence d'une volonté bien affermie.

Inutile aussi d'insister sur l'ambition (passion de la puissance sous toutes ses formes). Elle est à peine inférieure à l'amour; l'histoire en fournit des millions de preuves, du moins avant l'époque actuelle; car, de nos jours, sauf durant les révolutions, l'ambition cause rarement la mort. Qu'on se rappelle l'empire romain, et surtout l'empire byzantin : sur 109 personnages impériaux, 34 seulement sont morts naturellement. Les candidats ont-ils jamais manqué? Les tyrans les plus sanguinaires ont toujours trouvé des ambitieux à leur service (Henri VIII, ses femmes, ses ministres), à peu près certains de périr d'une mort violente.

Toutes les passions qui ont pour essence l'amour du risque, du hasard, la recherche d'un inconnu d'autant plus attrayant qu'il est plus vague, celles du joueur, de l'aventurier, de l'explorateur, doivent se résigner d'avance à la possibilité de finir par la mort.

De même pour la haine et la jalousie. A leur degré extrême, elles se traduisent par cette imprécation connue : Que je meure pourvu qu'il meure.[1]

---

[1]. Dans la littérature japonaise, la *vengeance* est la passion préférée, comme l'amour dans le théâtre et le roman des Occidentaux (voir Aston, *Histoire de la littérature du Japon*). Dans la littérature ancienne, au moins à son début, la passion amoureuse est au second plan. On a signalé Apollonios (de Rhodes) comme ayant donné le premier une fine analyse psychologique de l'amour, à la manière de nos contemporains. Il ne serait pas difficile d'indiquer les causes du rôle exorbitant attribué à cette passion dans la littérature, au détriment des autres qu'elle tend à faire oublier.

Enfin on sait que des avares aiment mieux mourir que
de diminuer leur trésor.

R este un dernier groupe d'une nature spéciale : le
patriotisme du soldat, du général romain pratiquant volontairement la *devotio* pour assurer la défaite de l'ennemi ; —
les passions religieuses ou politiques sous la forme passive
des martyrs qui préfèrent le supplice à l'apostasie, ou
sous la forme active des apôtres, des missionnaires qui
bravent la mort ou même la recherchent. Toutefois,
celles-ci peuvent susciter une objection : nous les nom-
mons passions, ne serait-il pas plus exact de les nommer
croyances? Assurément ce dévouement jusqu'à la mort
est l'effet d'une foi; mais n'a-t-il pas aussi tous les
caractères que nous avons attribués à la passion, y
compris l'idée fixe, et n'est-ce pas comme passion que
cette foi est si agissante? Pourtant il existe une différence que tout le monde sent d'instinct; la voici : toutes
les passions de ce groupe ont un caractère *impersonnel* et
impératif (au sens moral) qui manque dans les autres.
Aussi, le plus souvent, elles sont *collectives*; elles unissent
les passionnés similaires au lieu de les séparer. En
dehors d'elles, au contraire, les passions sont strictement individuelles et n'ont aucune tendance à s'objec-
tiver dans les autres hommes, sinon par imitation.
L'idée qui fait le fond de ces passions-croyances est
générale ou généralisable, très différente en cela de
l'idée fixe de l'amoureux, du joueur, de l'ambitieux, du
jaloux, de l'avare.

Cette fin de la passion par la mort — qui est celle des grands passionnés — nous donne la mesure de sa puissance et elle nous offre aussi le spectacle curieux d'une lutte entre deux instincts très énergiques. D'une part, l'instinct de la conservation, la crainte de la mort, la volonté de vivre qui, suivant le mot de Schopenhauer, est tout entière dans tout animal, même le plus infime, et réagit de tout son pouvoir. D'autre part, la passion qui, par sa violence invincible et sa direction vers un but unique, peut sans erreur être assimilée à un instinct. Pourquoi la passion reste-t-elle victorieuse? On peut dire que l'instinct de la conservation n'a pas une force égale chez tous les hommes; il y a des faiblesses innées; d'autres acquises par le fait des circonstances (maladie incurable, chagrin) ou de la réflexion : mais, malgré ces éclipses, la véritable raison est ailleurs.

Si l'on considère le cas de plus près, on voit qu'au fond il n'y a pas lutte. Réelle au début, elle n'est plus tard qu'une apparence, une illusion de la conscience. Le grand passionné est confisqué tout entier par sa passion, *il est sa passion*; pour lui, la perdre c'est cesser d'être, à moins qu'il puisse réussir à l'expulser d'un bloc pour revenir à l'équilibre normal, ce qui différerait peu d'un miracle. L'instinct de la conservation et la passion sont identifiés l'un avec l'autre et ne font qu'un. Cette position où la tendance à persévérer dans l'être doit conduire au non-être est logiquement contradictoire et pratiquement pathologique. Les passionnés de ce genre meurent par des raisons psychologiques, comme le reste des hommes meurt par des raisons physiologiques[1].

1. Parmi les formes finales, je ne compte pas le crime; il est un effet de la passion ou un moyen violent de la satisfaire (crime par amour, ambition, etc.). Pourtant, quelques cas semblent faire exception; par exemple, le meurtre par vengeance longuement préméditée (j'exclus les formes impulsives). C'est l'effort de l'individu pour se libérer de l'idée obsédante en supprimant la cause; il ressemble, au fond, à une fin par assouvissement. Quelques anthropologistes ont soutenu la thèse d'un rapport inverse entre le suicide et l'homicide : on tue pour ne pas se tuer, on se tue pour ne pas tuer. Peut-être est-ce un cas analogue, un équivalent de la fin par suicide.

CONCLUSION

La conscience humaine travaille de deux manières :
tantôt dispersée, faite d'états variés, nombreux, associés
ou interrompus — c'est sa forme normale; tantôt condensée, concentrée, simplifiée — c'est l'exception. Cette
unification de la conscience se rencontre principalement
dans les cas suivants : l'attention soutenue, le travail de
l'invention, la détermination volontaire ferme et exécutée,
la passion. La conscience s'adapte ainsi tout entière à
connaître, à créer, à agir, à jouir ou souffrir. Simplifi-
cation et permanence qui ne sont d'ailleurs que relatives;
car l'immobilité absolue, sans moments d'interruption,
serait la suppression de la conscience qui ne vit que de
changements, ou la transformation en un état franchement morbide.

La passion est donc l'équivalent affectif de l'attention
et de la volonté stables. Les *grandes* passions marquent
le point culminant de la vie affective; son maximum
d'énergie, d'intensité, de permanence, sa maîtrise incon-

testée dans l'individu s'exprimant au dehors par l'irrésistible puissance de ses effets. Un tel état ne peut être
fréquent. Si l'on y réfléchit, on s'apercevra que les grands
passionnés ne sont pas plus communs que les hommes
qui marquent par leurs actions ou par leurs créations et
qu'il n'y a aucun paradoxe à soutenir; que les *génies* de
passion (si l'on me permet ce terme) sont pour la psychologie pure au même niveau que les génies intellectuels. Cette parité est dissimulée par plusieurs causes.

D'abord, l'opinion commune a le tort de ne pas exclure
les émotions et les impulsions qui n'étant que des avor-
tements ou des ébauches de la passion ne peuvent pas
donner sa mesure ni être pris comme termes de comparaison.

De plus, chez la plupart des gens, la passion, avec les
caractères qui lui sont propres, ne dépasse guère une
moyenne raisonnable qui l'assimile aux talents intellectuels simplement estimables. Pour la majorité, c'est
moins encore : la masse de l'humanité abonde en passions
médiocres, sans force, sans durée, sans portée. Les
grandes passions sont rares parce que le plus souvent
les conditions manquent : puissance et constance.

Enfin — et ceci est capital — n'oublions pas que la
passion est un composé d'éléments affectifs, moteurs,
intellectuels et que son importance est en fonction de ces
trois facteurs. Avec une intelligence médiocre, la poussée
des instincts et des désirs, si violente qu'elle soit, n'est
capable ni de développement, ni d'invention, ni d'adapta-

tions multiples : par suite la passion est frustrée de ce
qui donne au dehors l'influence, le rayonnement, le
retentissement. Un amour ignoré qui conduit à la folie,
au suicide, au crime, peut être aussi *grand* comme valeur
affective que l'ambition de César Borgia ou le fanatisme
de Robespierre; mais par déficit intellectuel, il reste sans
importance sociale, bon tout au plus à défrayer les conversations locales ou la chronique d'une gazette sans lec-
teurs. Seule et indigente d'idées, la passion n'immorta-
lise pas. Quand on veut donner des exemples de grands
passionnés, on les prend toujours dans l'histoire politique
ou religieuse, dans les expéditions guerrières ou mari-
times, on cite des artistes ou des inventeurs enivrés de
leur vocation. Il le faut bien, parce que ceux-là seuls sont
connus. Ils ont laissé un nom parce qu'ils ont agi sur leur
milieu; leur passion a eu une répercussion forte et durable sur leurs semblables. Mais des milliers d'hommes ont
vécu, possédés de passions aussi intenses, qui ne sont
connus que d'un mince entourage, parce qu'ils n'ont pu
s'élever faute d'appui intellectuel ou parce que leur
passion (comme celle des amoureux) est limitée à deux
individus dont la destinée est indifférente au reste des
hommes. Malgré tout, cette passion qui n'a défrayé que
des conversations locales ou des gazettes ignorées, n'en
a pas été moindre comme puissance d'effort et condensation de la vie affective. « La volonté [c'est-à-dire l'effort],
disait Schopenhauer, est tout entière dans le plus petit
animal qui affirme sans cesse son désir de vivre : le plus

chétif insecte veut [désire] ce qu'il veut aussi pleinement
que l'homme. » Cette remarque est applicable aux grands
passionnés ; si ignorés qu'ils soient, la passion est en
eux, tout entière. Pour le psychologue, les grands
passionnés sont des héros à leur manière, fascinés et
possédés par leur idéal, entraînés par lui jusqu'à la mort ;
c'est pourquoi les grandes passions s'imposent à l'admiration des hommes comme les grandes forces de la
nature [1].

.·.

Cet entraînement de l'individu qui est une affirmation,
sous la forme non d'un jugement intellectuel mais d'un
acte, donne à la plupart des passions le caractère d'une
foi. On a soutenu avec raison que ce qui explique la force
de la croyance chez le vrai croyant, c'est qu'elle vient de
lui-même et est, au moins en partie, sa création. Cette
adhésion de l'esprit en tant qu'il sent, préfère et agit, —
non en tant qu'il pense ou raisonne — est le fond
commun de la croyance et de la passion.

Dans les analyses précédentes (ch. III), nous avons vu
que diverses passions sont fréquemment désignées sous
le nom de foi, surtout celles qui, par nature, sont collectives : passion religieuse, politique, morale, patriotisme,
etc. — Les grandes passions comme les croyances fermes
ont une caractère impératif ; les passionnés le proclament

1. Il n'y a pas lieu de discuter ici leur valeur morale et sociale.

très haut et s'en prévalent comme d'une justification :
et les romanciers ont repris pour leur compte cette justification des « droits » de la passion. — Aveugles et
inaccessibles au raisonnement, tant que la disposition
affective reste la même, la foi et la passion dès qu'elles
montrent quelque hésitation et se laissent effleurer par le
doute, révèlent par ce fait seul une orientation naissante
du désir dans un autre sens et la situation devient péril-
leuse.

Toutefois, malgré cette identité de caractère, il ne faudrait pas trop généraliser : car, si l'on examine l'une
après l'autre les passions simples ou complexes dont on a
essayé plus haut la généalogie, on sera forcé de reconnaître que toutes n'impliquent pas une foi et qu'un petit
groupe fait exception.

Le premier groupe comprend les passions positives
dont le fond est un mouvement d'expansion, une aspiration vers un idéal dont la possession apparaît comme le
suprême désirable : amour, ambition, avarice, jeu, passion
religieuse ou politique sous la forme de l'apostolat, etc.
Cette énumération n'est pas complète, mais elle suffit à
montrer que ces passions sont les plus nombreuses et
que les passionnés de ce groupe sont des croyants.

Le second comprend les passions négatives dont le
fond essentiel est un mouvement de répulsion ou une
tendance à la destruction (la haine, la jalousie, la passion
religieuse ou politique s'exerçant par la persécution) :
état pénible, douloureux, angoissant où l'homme normal

ne peut se complaire. Aussi les passionnés de ce groupe
ne souhaitent que la délivrance ; ils sont à l'antipode du
croyant.

*
* *

En terminant ce travail dont le but était d'établir les
caractères propres à la passion et son droit à une place
à part dans la psychologie des sentiments, qu'on me
permette d'en résumer la thèse essentielle en quelques
lignes.

A l'origine et comme base de la vie affective tout
entière nous avons placé les besoins, appétits, tendances
sous leur forme physiologique ou enveloppés dans la
subconscience.

A un degré plus haut, sans changer de nature et sauf
que la conscience s'y ajoute, ils sont des désirs ou des
répulsions. Ils constituent l'ensemble de notre vie affective, sous sa forme normale et chez l'homme normal. Ils
expriment par leurs réactions notre organisation physique
et morale. Ils occupent momentanément le champ de la
conscience, paraissent, disparaissent, reparaissent au gré
des conditions extérieures ou intérieures : ils équivalent
à la succession des perceptions, images, souvenirs, raisonnements ou idées qui forment le cours ordinaire de
notre vie intellectuelle.

Sur ce fond terne et un peu monotone, quelque événement imprévu fait surgir l'émotion, rupture d'équilibre
brusque et transitoire. Les émotions primaires sont en

petit nombre et les psychologues contemporains s'accordent assez bien pour les fixer ; elles ont un mécanisme physique préétabli, déterminable par l'observation ; elles sont l'œuvre de la nature.

Plus complexe, plus tardive et par suite plus élevée dans la vie de l'esprit est la passion. Elle s'oppose à l'émotion comme le stable à l'instable ; malgré sa permanence, elle subit des variations secondaires que l'émotion ne connaît pas. Les passions, grandes ou petites, sont sans nombre et changent selon les individus, les conditions sociales et les époques de l'histoire.

Enfin signalons une autre opposition. La psychologie évolutionniste soutient que « ce qui différencie une émotion des autres émotions est dû primitivement aux réactions différentes suscitées par les événements. A leur tour, ces réactions sont déterminées par des circonstances qui remontent peut-être jusqu'aux temps lointains de la préhistoire ; mais, pour réussir, elles ont toujours exigé des formes spéciales de coordination ; c'est à ce titre seulement qu'elles ont pu être utiles et tendre à se fixer organiquement par hérédité. Toute réaction émotionnelle est donc la survivance d'actes profitables à l'origine ». Que l'on accepte cette explication à titre de fait ou d'hypothèse, il reste vrai que l'émotion, au sens strict, est plutôt spécifique qu'individuelle.

Au contraire, la passion, parce qu'elle est une forme du caractère, est une marque plus individuelle que spécifique. Et quant à son utilité dans la lutte pour la vie, elle est, comme nous l'avons vu, très contestable. Son individualisme est aussi l'œuvre d'une forme d'imagination propre au vrai passionné, qui est surtout affective. La passion, en raison de sa durée, vit non seulement dans le présent comme l'émotion, mais dans le passé et l'avenir; elle se nourrit de souvenirs qui ne peuvent être des représentations sèches, mais qui sont puisées dans la mémoire des sentiments. Nous avons montré que les passions réelles et profondes sont construites avec des images de cette espèce et sont ainsi, pour une bonne part, l'œuvre non de la nature, mais de l'homme.

TABLE DES MATIÈRES

PRÉFACE.. ʟ

CHAPITRE I

QU'EST-CE QU'UNE PASSION ?

L'étude spéciale des passions et le mot lui-même sont complètement abandonnés par la psychologie contemporaine. — Nécessité
d'une réaction contre cet oubli. — Division provisoire des sentiments en trois groupes : les états affectifs communs et d'intensité
moyenne, les émotions, les passions ; ces deux derniers groupes
ont des caractères non seulement distincts mais contraires. —
La passion est une émotion prolongée et intellectualisée. — Naissance des passions. Causes externes : le milieu ; l'imitation, la
suggestion. Causes internes réductibles à une seule : le tempérament et le caractère de l'individu. — La disposition affective.
Distinction nécessaire entre les sentimentaux, les émotifs-impulsifs, les passionnés. — Pourquoi une passion surgit-elle plutôt
qu'une autre ? La grande passion ressemble à une diathèse dans
l'ordre physiologique. — Les influences inconscientes : deux
formes. — Caractère spécifique des passions : fixité, durée, intensité. — Confusion illégitime quoique très répandue entre les émotifs et les passionnés. — Comment une passion se constitue : Rôle
de l'association et de la dissociation. — Rôle de l'imagination ;
chez les grands passionnés elle est surtout affective. L'imagination intellectuelle engendre des passions factices plutôt que
réelles. — Rôle des opérations logiques : opération fondamentale,
le jugement de valeur ; opérations accessoires ; le raisonnement
constructif, le raisonnement de justification. — La passion vue
synthétiquement. — Rôle des éléments moteurs : deux types de
passions, selon que l'élément moteur est le plus fort et l'élément
intellectuel le plus faible, ou inversement...................... 1

CHAPITRE II

LA GÉNÉALOGIE DES PASSIONS
(PREMIÈRE PARTIE)

Absence d'une physiologie des passions considérées comme manifestations spéciales de la vie affective. — Si cette physiologie générale existait, elle devrait être complétée par des études particulières pour chaque passion. — Nécessité de distinguer deux étages, l'un inférieur, l'autre supérieur. Éclaircissements tirés des passions nutritives et de l'amour. — Besoin d'activité physique et psychique, base de plusieurs passions.

Essai d'une généalogie des passions : déterminer la source originelle de chacune d'elles ; montrer par quels procédés elles se forment. — Réduction à trois tendances fondamentales. — Passions en rapport direct avec la conservation individuelle : gourmandise et ivrognerie, pauvreté de leur psychologie ; leur individualisme étroit, leur évolution. — L'amour : sa forme homogène, ses formes hétérogènes : jalousie, mélange d'amour et de mépris, d'amour et de haine. Analyse psychologique de ces cas contradictoires et leurs causes.

Généalogie des passions issues de la tendance à l'expansion (volonté de puissance). Trois catégories suivant que l'expansion a lieu par sympathie, par conquête, par destruction. — La première forme produit peu de passions. — Le deuxième groupe comprend la passion des aventures : du jeu de hasard, analyse de cette passion. L'ambition. — L'avarice : son caractère abstrait. — Le troisième groupe a pour base une disposition très générale : l'antipathie. — La haine, dont la vengeance est le terme final ; la jalousie, ses éléments et ses variétés.................. 45

CHAPITRE III

LA GÉNÉALOGIE DES PASSIONS
(DEUXIÈME PARTIE)

Caractères généraux des passions étudiées dans ce chapitre. — La passion esthétique : Nature du sentiment esthétique : ses degrés inférieurs à la passion ; elle commence quand l'art est posé comme bien absolu. Raisons psychologiques de cette apothéose. — La passion religieuse se manifeste sous quatre formes : Mysticisme ou amour divin ; ascétisme, ses raisons intellectuelles et morales. Formes complexes : l'apostolat, le fanatisme persécuteur. Variétés dans leur composition. — La passion politique : Deux types : réaliste où la passion se confond avec l'ambition personnelle ; idéaliste qui tend vers le mysticisme et où la passion ressemble à un impératif moral. Ses caractères spécifiques : il est collectif, il suit un mouvement accéléré. — Le patriotisme. —

La passion morale se produit de deux manières: par les actes, par l'apostolat de la parole. — Les formes aberrantes de la vie passionnelle ou petites passions. Problème psychologique de leur origine. Analogies et différences entre le collectionneur et l'avare. Les petites passions sont de luxe et ont par suite un fond esthé-tique. Elles sont des déviations de la forme typique par l'adjonc-tion d'un autre facteur. Leur rôle comme dérivatifs.

Les émotions, comme les tendances, peuvent-elles devenir des pas-sions ? Revue des émotions-types. La réponse négative est la plus probable. Exceptions possibles pour la passion du plaisir et celle de l'honneur. — Formes de passage. — Impossibilité d'une clas-sification des passions. Pourquoi. La division en statiques et en dynamiques est elle-même superficielle........................ 95

CHAPITRE IV

COMMENT LES PASSIONS FINISSENT

Évolution des passions : elle varie suivant la nature de chaque pas-sion. — Ses caractères généraux. — Toute passion se forme par action lente. Cas incontestables ; leur mécanisme. Cas contes-tables: hypothèse du coup de foudre ; il n'est qu'un choc émo-tionnel. — Fin des passions réductibles à cinq formes princi-pales. L'indice du changement est dans les variations de l'idée fixe. — La probabilité d'extinction d'une passion est en raison directe de la quantité d'éléments émotionnels et en raison inverse de la quantité d'éléments intellectuels qu'elle contient à l'état systématisé ....

I. Fin par épuisement. — Pour qu'une passion vive, il y a des conditions psychiques (intellectuelles, actives) et des conditions physiologiques. — État d'inexcitabilité, ses causes. — Influence de l'habitude, principe de stabilité, sur la stabilité des passions. Son rôle est nul dans les passions vraies ; elle soutient les pas-sions d'intensité moyenne. Sa vertu incrustante ; elle achemine vers l'assoupissement. — Y a-t-il des passions qui échappent à la satiété ? Question mal posée : sa persistance et son extinction dépendent non de la nature de la passion mais de celle du pas-sionné. — La passion peut-elle mourir par coup de foudre ? L'af-firmative paraît justifiée.

II. Fin par transformation : entre les deux passions successives, il y a un fond commun. C'est une fin apparente. Deux conditions : un surplus d'énergie ayant besoin de se dépenser, l'apparition d'une nouvelle idée directrice. — Changement d'une passion en son contraire. Sa marche propre : l'idée fixe ne change pas, il n'y a qu'une interversion de valeur. Essais d'explication de ce changement.

III. Fin par substitution : à une passion succède une autre totale-ment différente. Peu fréquente. — Substitutions d'après les âges

de la vie. Cas des hommes à plusieurs passions : exemples. Les
substitutions complètes doivent être rares.

IV. Fin par la folie. La passion est-elle toujours un état pathologique ? Cette étude ramenée à deux questions : 1° Y a-t-il des caractères qui distinguent la passion de la folie ? Les zones mitoyennes
entre l'état normal et l'état morbide. Rapprochements comparatifs. Absence de caractère spécifique qui différencie toujours la
passion de la folie. — 2° Y a-t-il une communauté de nature entre
la passion et la folie ? Théories médicales du xix° siècle. En quoi
la question n'a pas été nettement posée. — Affirmation sans
équivoque de Rendu : les passions sont des équivalents des psychopathies. Résumé de sa thèse. — Objections. Difficultés de
trouver un équivalent psychopathique pour chaque passion. —
Quelle est la valeur de la passion comme fait biologique ? est-
elle utile à l'individu ? La réponse dépend de la conception qu'on
se fait de la vie ; il n'y a pas de réponse absolue.

V. Fin par la mort. Elle se produit par le seul fait de la passion ou
par la pression des événements extérieurs. — Toutes les passions,
sans exception aucune, peuvent conduire à la mort : preuves de
fait. — Cette fin nous montre la lutte entre deux tendances très
énergiques : l'instinct de la conservation, la passion. Pourquoi
la passion l'emporte et tue les grands passionnés............... 137

CONCLUSION

La passion est l'équivalent affectif de l'attention et de la volonté
stables. — Les grands passionnés sont aussi rares que les génies
intellectuels. — Pourquoi beaucoup d'eux restent ignorés. —
Fond commun entre la passion et la foi. — Restriction quant
aux passions à forme négative. — Résumé...................... 181

1163-06. — Coulommiers. Imp. PAUL BRODARD. — 10-06.

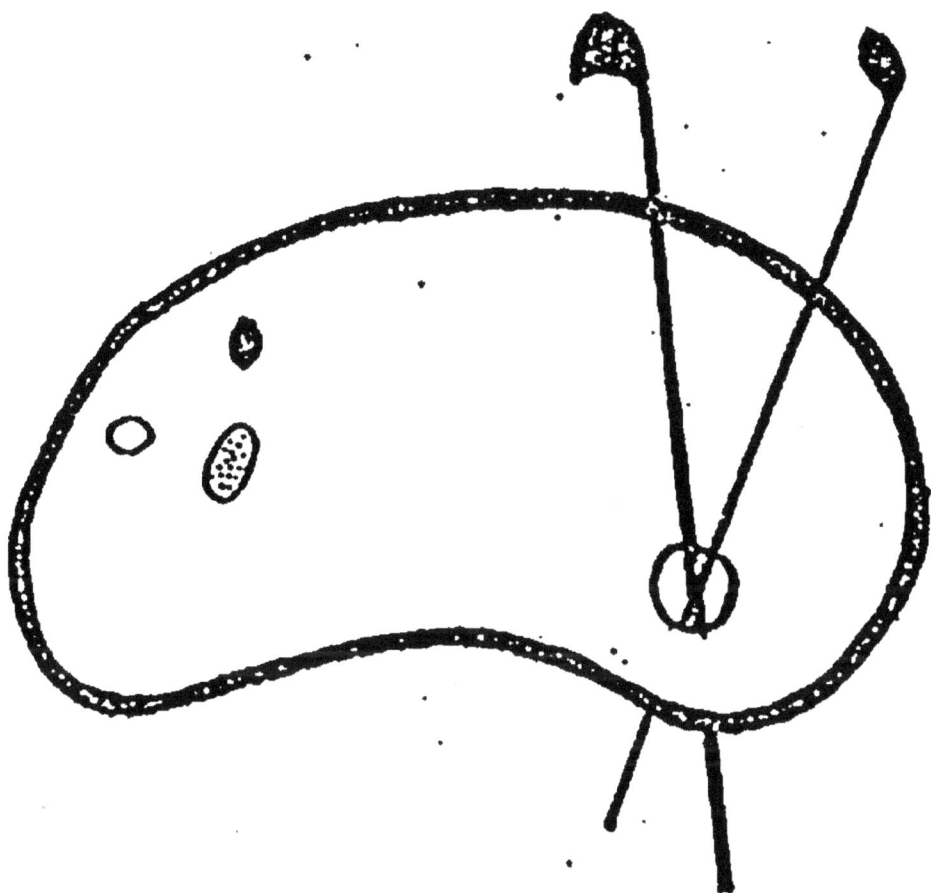

ORIGINAL EN COULEUR
NF Z 43-120-8

www.ingramcontent.com/pod-product-compliance
Lightning Source LLC
Chambersburg PA
CBHW072224270326
41930CB00010B/1991